Jeremias Bentham's

Principien der Gesezgebung

Herausgegeben von Etienne Dumont

Elibron Classics
www.elibron.com

Elibron Classics series.

ISBN 0-543-70622-2 (paperback)
ISBN 0-543-70621-4 (hardcover)

This Elibron Classics Replica Edition is an unabridged facsimile of the edition published in 1833 by Heinrich August Arend, Köln.

Jeremias Bentham's,

des englischen Juristen,

Principien der Gesezgebung.

Herausgegeben

von

Etienne Dumont.

Nach der neuesten Auflage übersezt.

Köln 1833,
Verlag von Heinrich August Arend.

Seiner Excellenz

dem

wirklichen Geheimen Staats- und Justizminister

Herrn Freiherrn von Kamptz

aus tiefster Hochachtung gewidmet

vom Uebersezer.

Inhaltsverzeichniß.

Druckfehler.

Seite 6, Z. 20 von oben statt: vergebliche — lies: vorgebliche.
„ 9, Z. 7 von unten statt: er — lies: es.
„ 9, Z. 6 von unten statt: er — lies: es.
„ 33, Z. 10 von oben statt: des Gedächtnisses — lies: der Erinnerungskraft.
„ 36, Z. 3 von oben statt: vernichtet — lies: verachtet.
„ 37, Z. 16 von oben statt: welchen — lies: welcher.
„ 37, Z. 25 von oben statt: des Verbrecher d. h. die Triebfeder, lies: die Triebfeder des Verbrechers d. h.
„ 38, Z. 6 von oben statt: die man an die Beobachtung eines Gesezes knüpft — lies: die an die Beobachtung eines Gesezes geknüpft ist.
„ 41, Z. 9 von unten statt: am wenigsten — lies: am meisten.
„ 44, Z. 7 von oben statt: eines Werths — lies: des Werths.

Vorrede des Uebersezers.

Der hier zuerst in einer vollständigen Uebersezung dem deutschen Publikum dargebotenen Abhandlung Benthams, welche eine Einleitung in seine sämmtlichen Schriften bildet, werden die besonderen Abhandlungen dieses Schriftstellers über die einzelnen Zweige der Gesezgebung, vorzüglich das Civilrecht, das Strafrecht und das gerichtliche Verfahren, nachfolgen.

Ein deutscher Uebersezer Benthamscher Schriften würde noch vor kurzem sein Unternehmen durch einen ausführlichen Beweis der Verdienste seines Autors zu rechtfertigen gehabt haben. Während Bentham schon seit vielen Jahren in England, Frankreich, Italien und den Niederlanden im höchsten Maße gefeiert war, während er in mehreren europäischen Staaten durch persönliche Verbindung mit den Regierungen einen bedeutenden Einfluß auf die Gesezgebung ausübte, während ihn ein großer Theil von America als den Begründer seiner Civilisation, als seinen Gesezgeber verehrte; hatte er in Deutschland das seltsame Schiksal, kaum dem Namen nach bekannt zu sein. *) Erst vor wenigen Jahren, nachdem

*) Am höchsten ist das Ansehn Benthams in Frankreich; es ist dem Einfluß der von den Lockischen Principien ausgehenden sogenannten Schule der Ideologen zuzuschreiben, welche noch immer die herrschende in Frankreich ist, ungeachtet in neuerer Zeit die katholisch-christliche philosophische Schule des Bonald und le Maistre und die von Royer-Collard und Cousin eingeführte dem deutschen Rationalismus sich nähernde sogenannte eklektische sich gegen sie erhoben haben. Es erscheint in Paris seit dem Jahre 1829 eine besondre Zeitschrift unter dem Titel l'Utilitaire, welche die Entwicklung und Vertheidigung der

einige unserer angesehensten juristischen und philosophischen Schriftsteller auf ihn als einen der originellsten und tiefsten Denker hingedeutet hatten, dessen Werke reich an Veranlassungen zum weitern Nachdenken, reich an Veranlassungen zum Zweifeln an der Richtigkeit so mancher rechtlichen Ansichten und gesezlichen Bestimmungen seien, hat Deutschland seine Aufmerksamkeit auf diesen Schriftsteller hin-

Benthamschen Ideen zum Zwecke hat; eine gleiche Tendenz haben die Annales de legislation in Genf, worin außer dem Genfer Philosophen und Gesezgeber Dumont, dem Herausgeber der Benthamschen Schriften, auch der berühmte Rossi (von Savigny für den größten der jezt lebenden Juristen Italiens erklärt) für Bentham aufgetreten ist. Zachariä theilt in seiner kritischen Zeitschrift für Gesezgebung und Rechtswissenschaft des Auslandes eine dem Journal the Atlas entlehnte Aeußerung der Frau von Stael mit, „daß die Nachwelt die verhängnißvolle Zeit, worin sie gelebt, nicht das Zeitalter Napoleons, sondern Benthams nennen würde."

Mit dem unverlöschlichen Feuereifer eines großen Charakters hat Bentham überall, wo sich ihm eine Aussicht dazu öffnete, zum Wohle der Menschen zu wirken gesucht. Er hat seine Bestrebungen nicht auf sein Vaterland, wo er mit einem Feuer und einem Erfolge, wie kein englischer Jurist, auf legislative Reformen drang, beschränkt; er hat mit der französischen Regierung, mit den spanischen Cortes, mit den nordamericanischen Freistaaten, und mit der russischen Regierung in Correspondenz gestanden (schon die Kaiserinn Catharina correspondirte mit ihm, Alexander suchte ihn auf, und wies die kaiserliche Gesezcommission in Petersburg an, in zweifelhaften Fällen seinen Rath einzuholen.) Ganz neuerlich sezte er sich mit dem König von Baiern in Verbindung. Eine Darstellung, dieser Bestrebungen und ihres zum Theil bedeutenden Erfolges findet sich in folgenden Schriften Benthams: Draught of a Code for the organisation of the judicial establishment of France. 1791 — Papers relative to codification and public instruction including correspondence with the Russian Emperor and divers constitued authorities. By Bentham. London 1817. — Einen Auszug des allgemein Interessanten gewendet. *) Seitdem hat er auch bei uns die ihm gebührende Würdigung gefunden: allgemein hat man den hohen Werth seiner Schriften anerkannt, allgemein sie zu den merkwürdigsten Erscheinungen im Gebiete der practischen Philosophie, insbesondre der Theorie der Gesezgebung gerechnet. Gegenwärtig wird es also hinreichend sein, das Verdienst dieses Schriftstellers um die Wissenschaft der Moral und des Rechtes mit wenigen Worten darzustellen.

Bentham hat ein materiales der Welt der Erfahrung angehöriges Princip an die Spize der Theorie der Moral und der Gesezgebung gestellt. Das Princip ist zwar nicht neu, es ist schon von vielen Denkern des Alterthums wie der neueren Zeit als Regel der moralischen und politischen Beurtheilung ausgesprochen worden; Bentham aber ist der erste gewesen, der diesem Princip die volle ihm zukommende Wirksamkeit gegeben. Indem er die speculativen Principien unsers Sollens, die man unter den verschiedenen Namen „ewige Rechtsregel, göttliches Recht, natürliches Recht, moralischer Sinn, allgemeiner Menschenverstand, ursprünglicher Vertrag, practische Vernunft und so weiter" geltend zu machen gesucht, und in denen er nur jene von Locke erfolgreich bekämpften eingebornen Wahrheiten erkannte, von allem Einfluß auf das Urtheil über Sittlichkeit und Recht strenge ausschloß; hat er jenem empirischen Princip alle practischen Verhältnisse

---

aus der leztern Schrift, so wie Nachrichten über Benthams Correspondenz mit den Cortes, hat Dumont gegeben unter dem Titel: De l'organisation judiciaire et de la codification extraits des divers ouvrages de Bentham, par Dumont. Paris 1828. — In Louisiana, in New-York, in Süd-Carolina, und neuerlich in Genf hat man Gesezbücher nach den Benthamschen Principien entworfen.

*) Um die Einführung dieses Rechtsphilosophen in Deutschland haben sich unter den Juristen besonders die Herren Prof. Mittermaier, Zachariä und Warnkönig, unter den Philosophen Herr Prof. Beneken verdient gemacht.

des Menschen unterworfen, aus demselben ein vollständiges, den Fodrungen der Einheit und des organischen Zusammenhangs entsprechendes System der Gesezgebung construirt. Das war noch eine zu lösende Aufgabe gewesen: mit einer neuen ihm eigenthümlichen Methode, die Wahrheit zu finden, ausgerüstet, mit seltenem Tiefsinn und Scharfblik begabt, hat er diese schwierige Aufgabe gelöst, und eine rein empirische Wissenschaft des Rechtes und der Moral geschaffen.

Diese durchgreifende Belebung und organische Gestaltung der ganzen moralischen und politischen Wissenschaft durch dieses Princip, diese bewundrungswürdige Consequenz des Systems, worin er die ganze Wissenschaft der Beobachtung und der Berechnung unterworfen, ist die große Leistung, bildet das große Verdienst dieses Forschers.

Ist aber dies nicht sein einziges Verdienst, ein Wunderwerk des menschlichen Verstandes geschaffen zu haben? ist die Anerkennung seines Werthes nicht von jener Kritik ausgegangen, die innerhalb eines Gedankensystems ihren Standpunkt nimmt? ist die Falschheit seines obersten Princips nicht längst dargethan, sprechen nicht alle seit Kant in Deutschland herrschenden Grundsäze der practischen Philosophie Benthams moralischem Empirismus und Materialismus, seiner Zurükführung der sittlichen und rechtlichen Bestrebungen auf die natürlichen ein unumstößliches Verdammungsurtheil? *)

Diese Einwürfe wird vielleicht Mancher gegen die Zulässigkeit eines Unternehmens erheben, welches die Verbrei-

*) Der practische Materialismus, im allgemeinen der Charakter der englischen und französischen practischen Philosophie, besteht in jener moralischen Gesezgebung, welche die Objecte, die Materien des Begehrungsvermögens als Bestimmungsgründe des Willens aufstellt. Derselbe beruht nothwendig auf Empirie, da die das Begehren bestimmenden Beziehungen der Objecte zum Subject, welche unter den Namen Lust und Unlust begriffen sind, der empirischen Erkenntniß angehören. Den Ge-

tung der Benthamschen Schriften in Deutschland beabsichtigt; ich fühle die Nothwendigkeit, im voraus dieselben durch folgende Betrachtungen abzulenken.

Nur der Dünkel des Dogmatismus möchte sich mit der Behauptung übersteigen können, daß die deutsche Philosophie, daß irgend eine Philosophie sich bereits zu einem allgemein gültigen Criterium der Wahrheit und des Irrthums erhoben habe. Das große Ziel der philosophischen Forschung soll noch erreicht werden; noch hat keine Philosophie den Kranz aus der Hand der Wahrheit empfangen. Bevor jenes Ziel von der Menschheit — denn es ist der Gattung, nicht dem Einzelnen gesezt — erreicht worden ist, entbehrt die Kritik eines sichern Standpunktes außerhalb eines Gedankenorganismus, und die verschiedenen Richtungen der philosophischen Forschung haben ein allgemein gültiges Urtheil über ihre Einstimmung in den großen Accord der Wahrheit erst von der Zukunft, von einer tiefern, umfassendern, Erkenntniß des menschlichen Geistes zu erwarten.

---

gensaz dieser materiellen Begründungsweise der Moral und des Rechtes bildet die Kantische formale Gesezgebung der Vernunft, welcher die deutsche Moral und Rechtsphilosophie bis in die neueste Zeit im Allgemeinen treu geblieben ist. Dieser deutsche practische Formalismus schließt alle Materie des Begehrens als Bestimmungsgrund des Willens aus, er sieht auf die blose Form der Willensbestimmung: die blose Form, welche sie tauglich macht, zu einer Willensbestimmung jedes vernünftigen Wesens, zu einem allgemeinen Gesez für das Handeln erhoben zu werden, macht sie für sich allein zum allgemein gültigen practischen Geseze.

Ungeachtet dieses Widerstreites hat Bentham einen Sühnevertrag zwischen seinem Materialismus und dem formalen practischen Princip als eine Möglichkeit ausgesprochen. Es sind wirklich schon beachtungswerthe Versuche zur Versöhnung der beiden streitenden Ansichten in Deutschland gemacht worden, namentlich von Prof. Beneken, (der nach Zeitungsnachrichten in Berlin sein mit Bentham übereinstimmendes System mit großem Erfolg auf dem Katheder vorträgt.)

Es wäre also eine Anmassung, die Behauptung einer Würde, die auf keinem Recht beruhte, wenn diese oder jene philosophische Richtung sich der Alleinherrschaft im Gebiete der Erkenntniß bemächtigen, wenn sie allen andern Richtungen, weil sie nicht mit ihr übereinstimmen, das Verdammungsurtheil sprechen, sie gewaltsam von der philosophischen Laufbahn zurückweisen wollte. Und wohin zielte eine solche Anmassung? zu einer gänzlichen Aufhebung des freien und regen Strebens, der nothwendigen Bedingung alles Fortschreitens der Wissenschaft, zu einem geistigen Despotismus, welcher alle wissenschaftliche Bildung versteinern, allen lebendigen Keim zu einer höhern Entwicklung des philosophischen Wissens zerstören würde.

Wenn aber auch die stolze Behauptung mancher philosophischen Theorie gegründet sein sollte, daß sie allein auf dem rechten Wege sei, daß sie das Ziel der wahren, einen und allgemeinen Philosophie bereits erreicht habe; so wäre es dennoch zweckwidrig, jeder verschiedenen Richtung einer ausgezeichneten vom unverfälschten Triebe zur Wahrheit geleiteten Geisteskraft die Zulassung zu verweigern, sie mit Gewalt zu unterdrücken. Denn da jene Philosophie, die als die wahre, eine und allgemeine angekündigt wird, sich doch nur einer beschränkten Anerkennung erfreut; so kann die abweichende Richtung eines bedeutenden mit allen Waffen der Dialektik ausgerüsteten Geistes der Sache der Wahrheit nur Gewinn bringen, indem eine solche Richtung, mit solcher gewaltigen Kraft genommen, die Auffoderung zu einem entscheidungsvollen Kampfe enthält, worin die Wahrheit, so lange sie noch nicht gesiegt hat, nur ihr Heil finden kann, da sie nur im Kampfe den Sieg findet.

So mögen denn die Theorien dieses großen lichtvollen Denkers dem Princip gemäß, welchem sie huldigen, auch in Deutschland wirken; mögen sie wirken im Interesse der Wissenschaft, im Interesse der Wahrheit, zu einer höhern Entwicklung des moralischen und politischen Lebens.

Vorrede des Herausgebers.

Die in diesen Bänden enthaltenen Werke bilden nur einen Theil derer, die ich nach Benthams Handschriften bearbeitet habe. Hätte ich mich bei dieser Bearbeitung in den Gränzen einer blosen Uebersezung halten können, so würde ich ihrer Aufnahme ruhiger entgegensehn; allein ich befinde mich nicht in einer Lage, welche so geeignet ist, mir Vertrauen einzuflößen. Ich darf dem Publikum nicht verhehlen, was bei der Bearbeitung dieser Schriften von mir herrührt, dem Verfasser bin ich es schuldig, zu erklären, daß er dieselben nur den inständigen Bitten der Freundschaft überlassen hat, und daß er mir oft ungern unvollendete Abhandlungen, und zuweilen rohe Materialien übergab.

Um eine allgemeine Vorstellung von dem Verhältniß zu geben, worin ich zu diesen Werken stehe, mache ich den Anfang mit einer Erklärung, die mich vor jedem ungerechten Tadel, so wie vor jedem unverdienten Lob, das mir eben deßhalb peinlich sein würde, schüzen soll. Ich erkläre, daß ich an der Ehre der Abfassung dieser Werke keinen Antheil, kein auf einem Verhältniß der Gesellschaft mit ihrem Verfasser beruhendes Recht habe, daß dieselben ganz dem Verfasser, daß sie nur ihm angehören. Je mehr ich dieselben schäze, desto mehr beeifre ich mich, diese Ehre von mir abzuweisen; sie würde eine Anmassung sein, ebenso der Treue der Freundschaft wie meinem persönlichen Charakter zuwider. Diese Erklärung, die ich mir selbst schuldig bin, wäre überflüssig, ich weiß es, wenn es nur philosophische Leser gäbe: solche Leser würden sehr wohl von selbst in diesen verschiedenen Schriften das Gepräge derselben Hand erkennen, die Einheit des Plans, den originalen scharfen und tiefen Geist in dem Ganzen des Entwurfs wie in der Ausführung der einzelnen Theile.

Meine Arbeit, von untergeordneter Art, hat sich nur auf Einzelheiten ausgedehnt. Es war nöthig, unter einer großen Anzahl von Varianten zu wählen, Wiederholungen zu unterdrücken, dunkle Stellen aufzuklären, das zu einander Gehörige zusammenzustellen, und die Lücken auszufüllen, die der Verfasser gelassen hatte, um sein Werk nicht aufzuhalten. Ich hatte mehr wegzuschneiden, als zuzusezen, mehr abzukürzen, als auszuführen. Die Menge der Handschriften, die durch meine Hände gegangen, und die ich zu entziffern und zu vergleichen hatte, ist beträchtlich. Ich hatte viel zu thun für die Gleichförmigkeit des Styls und die Correctheit, nichts oder sehr wenig für die zu Grunde liegenden Ideen. Diese überfließende Fülle von Gedanken forderte nur die Sorgen eines Haushalters; Verwalter dieses großen Vermögens, habe ich nichts vernachlässigt, es geltend zu machen und in Umlauf zu sezen.

Die Veränderungen, die ich zu machen hatte, sind nach der Beschaffenheit der Handschriften verschieden gewesen. Fand ich mehrere auf denselben Gegenstand sich beziehende, aber zu verschiedenen Zeiten und aus verschiedenen Gesichtspunkten abgefaßte; so mußten sie in Uebereinstimmung gebracht und zur Bildung eines Ganzen einander einverleibt werden. Hatte der Verfasser eine durch Zeitumstände veranlaßte Schrift, die gegenwärtig weder interessant noch verständlich sein würde, bei Seite gelegt; so habe ich sie nicht ganz wollen verloren gehn lassen, ich habe, wie aus einem verlassnen Hause, alles das ausgeräumt, was geeignet war, erhalten zu werden. Hatte er sich zu tiefen Abstractionen hingegeben, einer nicht sowohl zu subtilen als zu trocknen Metaphysik; so habe ich mich bemüht, die Ideen mehr zu entwickeln, sie durch Anwendungen, Thatsachen und Beispiele zu veranschaulichen, und mir erlaubt, mit Bescheidenheit einigen Schmuk anzubringen. Ich habe selbst ganze Capitel zu machen gehabt, immer aber habe ich mich dabei durch die Anweisungen und Bemerkungen des Verfassers leiten lassen, und die Schwierigkeit, ihn zu ergänzen, würde mich zu einem bescheidenen Selbstgefühl zurükgeführt haben, wenn ich in Versuchung gekommen wäre, mich davon zu entfernen.

Seine Einleitung in die Principien der Moral und der Gesezgebung, von einer kleinen Anzahl helldenkender Beurtheiler als eine jener originalen Productionen betrachtet, die Epoche in einer Wissenschaft machen, hat troz ihres philosophischen Werthes, und vielleicht eben wegen dieses Werths, kein Auffsehn gemacht; sie ist dem Publicum beinahe unbekannt geblieben, obgleich man in England mehr als anderswo einem nüzlichen Buche es verzeiht, kein leichtes und angenehmes zu sein. Indem ich mehrere Capitel dieses Werkes benuzt habe, um daraus die „allgemeinen Principien der Gesezgebung" zu bilden, habe ich das vermeiden müssen, was seinem Glük im Wege gewesen, die zu wissenschaftlichen Formen, die zu vervielfältigten Unterabtheilungen und die zu abstracten Analysen. Ich habe nicht die Wörter, ich habe die Ideen übersezt; ich habe in einigen Beziehungen einen Auszug, in anderen eine ausgeführtere Darstellung geliefert. Dabei habe ich mich von den Winken und Anweisungen des Verfassers in einer mehrere Jahre nach der Abfassung des Werkes selbst geschriebenen Vorrede leiten lassen; und alle Zusäze von einiger Wichtigkeit habe ich in seinen Papieren gefunden.

Bedenkend, wie sehr dies Unternehmen, welches sich mir auf zwei oder drei Bände zu beschränken schien, allmählig sich ausgedehnt, und welchen langen Weg ich zurükgelegt, bedaure ich, daß diese Arbeit nicht in bessre Hände gefallen;

aber ich wage es dennoch, mich meiner Beharrlichkeit zu freuen, überzeugt, daß diese Handschriften lange Zeit vergraben geblieben wären in ihrer Masse, und daß der Verfasser, immer vorwärts strebend, niemals die Muße noch den Muth gehabt hätte, sich der undankbaren Mühe einer Ueberarbeitung des Ganzen hinzugeben.

Dieses Feuer hervorzubringen, und diese Gleichgültigkeit, das Hervorgebrachte bekannt zu machen, diese Ausdauer in den größten Arbeiten und dabei die Eigenheit, sie im Moment ihrer Beendigung gänzlich zu verlassen, bieten eine so ungewöhnliche Erscheinung dar, daß sie einer näheren Erläuterung bedürfen.

Sobald Bentham die allgemeinsten Eintheilungen der Geseze gefunden hatte, umfaßte er die Gesezgebung in ihrer Ganzheit, und entwarf den großen Plan, sie in allen ihren Theilen zu behandeln. Er betrachtete sie nicht sowohl als zusammengesezt aus losen Stücken, sondern als ein einziges Ganze. Den allgemeinen Umriß der Wissenschaft vor Augen, hatte er die besonderen Umrisse aller ihrer Gebiete gezeichnet: so ist der am meisten in die Augen springende Charakter seiner Schriften die vollkommene Uebereinstimmung. Ich habe die ersten voll von Hinweisungen auf Abhandlungen gefunden, die blos im Entwurf bestanden, deren Eintheilungen, Formen, Hauptideen aber schon in abgesonderten Uebersichten dargestellt waren. Da er auf diese Weise seinen ganzen Stoff einem allgemeinen Plan unterworfen hat, nimmt jeder Theil der Gesezgebung seine ihm eigenthümliche Stelle ein, und keiner findet sich in zwei Eintheilungen wiederholt. Diese Anordnung sezt nothwendig einen Schriftsteller voraus, der lange Zeit den Gegenstand seiner Forschung in allen seinen Beziehungen betrachtet hat, der ihn vollkommen beherrscht, und der frei ist von der kindischen Ungeduld der Ruhmsucht.

Ich habe ihn ein beinahe vollendetes Werk aufschieben gesehn, und ein neues ausarbeiten, blos um sich von der

Wahrheit eines einzigen Sazes, der ihm zweifelhaft schien, zu überzeugen. Ein Problem in der Finanzwissenschaft hat ihn auf die ganze Staatswirthschaft zurükgeführt; Fragen über das gerichtliche Verfahren ließen ihn die Nothwendigkeit fühlen, sich zu unterbrechen, bis er die gerichtliche Organisation abgehandelt. Die ganze Masse dieser vorbereitenden Arbeiten, dieser Arbeiten in den verborgenen Tiefen der Forschung, ist unermeßlich. Hat man die Handschriften selbst nicht gesehn, die Cataloge und die synoptischen Tabellen, so kann man sich keine Vorstellung davon machen.

Aber ich schreibe keine Lobrede. Man wird leicht zugeben, daß die Sorge des Anordnens und Feilens wenig Anziehendes für das Genie des Verfassers haben kann. So lang ihn die schöpferische Kraft treibt, fühlt er nur das Vergnügen des Schaffens; handelt es sich davon, zum Zweck der Mittheilung dem Geschaffenen eine Form zu geben, es zu bearbeiten, es zu vollenden, so fühlt er nur das Beschwerliche dieser Arbeit. Wird das Werk unterbrochen, so ist das Uebel unheilbar: der Reiz verschwindet, der Ueberdruß folgt, und das erloschene Feuer entzündet sich nur für einen neuen Gegenstand wieder.

Dieselbe Eigenheit hat ihn bestimmt, mir sein Mitwirken bei der Bearbeitung seiner Werke, die ich dem Publicum darbiete, zu versagen; ich habe nur selten die Aufklärungen und die Hülfe, deren ich bedurfte, von ihm erlangen können: es kostete ihm zu viel, den gegenwärtigen Lauf seiner Ideen zu hemmen, um sie auf verlassene Bahnen zurükzulenken. Doch ist es vielleicht eben diese Art von Schwierigkeiten, der ich meine Beharrlichkeit zu verdanken habe. Hätte ich nur zu übersezen gehabt, so würde diese einförmige und nur vom Gefühl der Mühe begleitete Beschäftigung mich bald ermüdet haben: statt daß eine freie Bearbeitung von Handschriften durch eine Art von Täuschung schmeichelt, die so lange dauert als sie nüzlich ist, und die sich erst zerstreut, wenn das Werk beendigt ist.

Ich wüßte nicht besser eine allgemeine Vorstellung von dieser Sammlung zu geben, als dadurch, daß ich zuerst ein einfaches Verzeichniß der verschiedenen Abhandlungen, die sie bilden, mittheile:

1. Allgemeine Principien der Gesezgebung.
2. Principien des Civilrechtes und des Strafgesezbuches.
3. Theorie der Strafen.
4. Strafgesezbuch.
5. Theorie der Belohnungen.
6. Von der Organisation der Gerichte.
7. Von der Procedur:
   1) Von den Beweisen; 2) von den verschiedenen Zwecken, welche die Gesezgebung über das Verfahren sich vorsezen muß; 3) von dem gerichtlichen Verfahren vom Anfang der Klage bis zur Vollziehung des Urtheils; 4) Prüfung der Jury.
8. Handbuch der politischen Oeconomie.
9. Tactik der politischen Versammlungen d. h. Principien über die Art, einen Beschluß in einer politischen Versammlung zu fassen, vorzulegen, zu berathschlagen, zu bestimmen und zu wählen.

Außer diesen Hauptwerken sind andere weniger bedeutende vorhanden, wovon einige nur kleine Abhandlungen sind.

1. Kritische Prüfung der Erklärung der Menschenrechte.
2. Von den Umständen der Zeit und des Ortes, die bei der Gesezgebung zu berüksichtigen sind.
3. Von den Verbrechen gegen die Religion; Verbrechen hervorgegangen aus den Verirrungen der religiösen Sanction.

4. Von der Erfindung in der Gesezgebung.
5. Von dem Panopticon: einem centralen Inspectionshause, um die gewöhnlichen Gefängnisse zu ersezen.
6. Von der Bekanntmachung der Geseze, und einer besonderen Bekanntmachung der Motive oder Gründe der Geseze.

Man wird sich wundern, daß eine so große Sammlung keine Abhandlung über die politische Verfassung oder die Form der Regierung enthält. Hat der Verfasser alle diese Formen als gleichgültig betrachtet, oder ist er der Meinung gewesen, daß es in der Theorie der politischen Gewalten keine Sicherheit gebe? Es würde nicht sehr wahrscheinlich sein, daß eine solche Meinung in dem Geiste eines englischen Philosophen existiren könne, und ich kann versichern, daß sie durchaus nicht die von Bentham ist; aber er ist weit davon entfernt, irgend einer Form der Regierung einen ausschließlichen Vorzug zu geben. Er ist der Meinung, daß die beste Verfassung für ein Volk diejenige ist, an welche es sich gewöhnt hat. Er ist der Meinung, daß das allgemeine Glük das einzige Ziel, das einzige Ziel von innerem Werth, und daß die politische Freiheit nur ein relatives Gut ist, eines der Mittel, dieses Ziel zu erreichen. Er ist der Meinung, daß ein Volk mit guten Gesezen, selbst ohne irgend eine politische Gewalt in den Händen zu haben, zu einem hohen Grade von Glük gelangen könne; und daß im Gegentheil ein Volk, welches sich der größten politischen Gewalt erfreut, nothwendig unglüklich sein würde, wenn es von schlechten Gesezen beherrscht wird.

Der Grundfehler der Theorien über die politischen Verfassungen besteht darin, daß man mit der Bekämpfung des Bestehenden anfängt und dadurch wenigstens eine Unruhe der Gemüther und Eifersucht auf die Inhaber der Macht herbeiführt. Ein solcher Zustand der Aufgeregtheit ist aber der Vervollkommnung der Geseze durchaus nicht günstig.

Der einzige Zeitpunkt, wo man mit Glük große Reformen der Gesezgebung unternehmen kann, ist derjenige, wo die öffentlichen Leidenschaften ruhig sind, und die Regierung sich des festesten Grundes erfreut.

Bentham, in der Fehlerhaftigkeit der Geseze die Ursache der meisten Uebel findend, hat immer dahin gestrebt, den größten aller Uebel, der Umstürzung des obrigkeitlichen Ansehns, den Revolutionen im Eigenthum und in der Macht entgegenzuwirken. Die bestehende Regierung ist das Werkzeug, wodurch er seine Ideen in das Leben zu führen sucht, und indem er allen Regierungen die Mittel sich zu verbessern angibt, zeigt er ihnen zugleich diejenigen an, ihr Dasein zu verlängern und zu sichern.

Seine Resultate sind auf Monarchien eben so anwendbar, wie auf Republiken. Er spricht nicht zu den Völkern: „Bemächtigt euch der höchsten Gewalt, ändert die Form des Staates.“ Er wendet sich an die Regierungen: „Erforschet die Krankheiten, die euch schwächen, erforschet die Behandlung, die sie heilen kann; laßt eure Gesezgebung den Bedürfnissen eures Jahrhunderts und dem Fortschritt der geistigen Bildung folgen; macht gute bürgerliche und peinliche Geseze; organisirt die Gerichte so, daß sie öffentliches Vertrauen einflößen; vereinfacht das gerichtliche Verfahren; vermeidet in den Abgaben das Drückende, das Unerschwingliche; muntert den Handel durch natürliche Mittel auf. Habt ihr nicht alle dasselbe Interesse, diese Zweige der Staatsverwaltung zu vervollkommnen? Bringt die gefährlichen Ideen, die sich unter euren Völkern verbreitet haben, zur Ruhe, indem ihr euch mit ihrer Wohlfahrt beschäftigt. Ihr schlagt die Geseze vor, und dies Recht allein, wohl ausgeübt, kann das Palladium aller übrigen werden. Indem ihr den gesezmäßigen Hoffnungen eine Bahn eröffnet, werdet ihr die Ausschweifung der ungesezlichen Hoffnungen hemmen.

Wer also in diesen Schriften Principien zu finden hofft, welche die eine oder die andre Regierungsform ausschließen, wird sich in seiner Erwartung getäuscht finden. Die Leser, die durch Satyre und Wortgepränge angereizt sein wollen, werden hier nicht befriedigt werden. Zu erhalten bei Verbesserungen; die Umstände zu erforschen; die herrschenden Vorurtheile, selbst die unvernünftigen, zu schonen; die Neuerungen vorbereiten, so daß sie nicht mehr Neuerungen zu sein scheinen; die Wechsel, die Erschütterungen sowohl des Eigenthums als der Gewalten zu vermeiden; die Hoffnungen und Gewohnheiten nicht aus ihren Bahnen zu werfen; die Mißbräuche abzuschaffen ohne Verlezung der gegenwärtigen Interessen: dies ist der beständige dieses ganze Werk belebende Geist.

Der erste Theil dieser Sammlung, überschrieben: Allgemeine Principien der Gesezgebung, ist der einzige, der theils nach Handschriften, theils nach einem vom Verfasser zum Druck beförderten Werke bearbeitet ist. Derselbe bildet eine allgemeine Einleitung, welche die obersten Principien aller seiner Schriften enthält. Wenn man diese Principien sich vollkommen zu eigen gemacht hat, so werden alle andern Schriften als natürliche Folgerungen daraus erscheinen. Der Titel, den ich ihr hatte geben wollen, den ich ihr jedoch, aus einigen vielleicht triftigen Gründen nicht gegeben habe, ist der einer Logik der Gesezgebung. Sie enthält das Princip, wonach Alles im Gebiete der Moral und der Gesezgebung zu bestimmen ist; sie lehrt die Kunst, dieses Princip anzuwenden; sie bietet neue Werkzeuge der moralischen Analyse und Berechnung dar.

In den physischen Wissenschaften ist die Erfindung eines neuen Mittels der Beobachtung immer der Anfangspunkt eines neuen Fortschrittes. Welchen höheren Standpunkt hat die astronomische Erkenntniß seit der Erfindung des Teleskops gewonnen! Ueberhaupt, wenn der menschliche Geist lange Zeit auf demselben Punkte stehen geblieben ist, so rührt dies daher, daß er alles erschöpft hat, was er durch die ihm zu Gebot stehenden Mittel vermag, und daß er vom Genie oder vom Glük die Erfindung eines neuen Instrumentes erwartet, das seine Wirksamkeit erweitert und seine Macht vergrößert.

Aber was ist ein Werkzeug in den moralischen Wissenschaften? Es ist ein Mittel, Ideen zu verbinden und zu vergleichen, es ist eine neue Methode, die Wahrheit zu finden. Sokrates hatte ein solches ihm eigenthümliches Werkzeug, welches eine Art von Analyse war. Aristoteles fügte die Classificationen hinzu; er erfand den Mechanismus der Syllogismen, welche, so scharf sie auch sein mögen, doch von geringem Nuzen für die Vervollkommnung der Erkenntniß sind. Diese Methoden sind nicht weniger Werkzeuge für die Vernunft, als der Compaß für die Hand und das Mikroscop für das Auge. Als Bacon seinem großen Werke den sonderbaren Titel Novum organon gab; betrachtete er seine philosophische Methode als eine geistige Maschine, welche die Kunst, die Wahrheit zu finden, und den Bau der Wissenschaften vervollkommnen sollte.

Bentham hat sich ebenfalls einen logischen Apparat geschaffen, der sein Princip hat, seine Uebersichten, seine Verzeichnisse, seine Classificationen, seine Regeln, und vermittelst dessen er, wie es mir scheint, Zweige der Moral und Gesezgebung, die bisher dem Gebiete des Gelehrten, des Redners und des Schöngeistes angehört haben, in wahre Wissenschaften umgewandelt hat.

Der Verfasser selbst ist weit entfernt von dem Gedanken, nichts seinen Vorgängern zu verdanken zu haben.

Jede Wissenschaft ist nothwendig das Werk der Zeit. Man beginnt mit unbestimmten Vermuthungen; man beobachtet abgerissene Thatsachen. Es entsteht eine Niederlage von

Gelehrsamkeit, worin das Wahre und das Falsche unter einander gemischt sind. Wenn die Folge der Ereignisse der Beobachtung eine große Anzahl von Thatsachen geliefert hat; so nimmt man Analogien wahr, und man macht den Versuch, sie in Systeme zu bringen. Hiermit beginnt die Herrschaft der Einbildungskraft und des Wizes, die jener der Vernunft und der Wissenschaft vorhergeht. Descartes mußte geistreiche Romane über die allgemeine Physik erdacht haben, bevor Newton sie gewissen Principien unterworfen. Leibnitz und Malebranche mußten ihre metaphysischen Luftschlösser aufgeführt haben, bevor Locke die ersten Thatsachen bestimmen gekonnt, die der Philosophie eine feste Basis gegeben haben. Platon und Aristoteles mußten Bodinus, Hugo Grotius, Harrington, Hobbes und Puffendorf vorhergehn. Alle diese Stufen waren nothwendig, um zu dem Esprit des lois zu gelangen, und der Esprit des lois selbst bildet nur eine Mittelstufe zu dem Punkte, wo die Gesezgebung ein vollständiges, aus einem Princip construirtes System geworden sein wird.

Der Verfasser hat in einer interessanten Abhandlung den Gang und die Erwerbweise seiner Hauptideen angegeben.

„Nicht in Büchern über das Recht, sagt er, habe ich Mittel zur Erfindung und Muster der Methode gefunden, vielmehr in Werken über Metaphysik, Physik, Naturgeschichte, Medicin. Indem ich einige neue Abhandlungen über die zulezt genannte Wissenschaft las, erregte die Classification der Uebel und Heilmittel in einem besondern Grade meine Aufmerksamkeit. Könnte man nicht dieselbe Anordnung auch auf die Gesezgebung übertragen? Könnte der politische Körper nicht auch seine Anatomie, seine Physiologie, seine Nosologie, seine Materia medica haben? Was ich in Tribonian, Cocceji, Blakstone, Vattel, Pothier, Domat, gefunden habe, ist sehr wenig; Hume, Helvetius,

Linnee, Bergmann, Cullen, sind mir weit nüzlicher gewesen."

Der Verfasser mußte vor allen Dingen ein allgemeines Princip suchen, das ihm gleichsam einen festen Punkt darbot, woran sich die ganze Kette der Schlüsse knüpfen ließ. Diesen festen Punkt nennt er Princip der Nüzlichkeit. Allein damit ist nichts gewonnen, weil Jeder alles das, was ihm gefällt, „Nüzlich" nennen kann, und man niemals weder was gethan noch vorgeschlagen hat, ohne irgend einen wirklichen oder eingebildeten Nuzen vor Augen gehabt zu haben. Diesem Ausdruk mußte eine bestimmte Bedeutung gegeben werden, eine neue Arbeit.

Der Verfasser hat hierauf diesem wahren Princip zwei falsche Principien gegenübergestellt, die mit ihm um die Herrschaft streiten, und auf welche man alle irrigen Systeme der Moral und Gesezgebung errichtet hat. Vermittelst einer einzigen leicht faßlichen Unterscheidung findet man sich im Stande, den Irrthum und die Wahrheit zu erkennen, mit einem Grade von Gewißheit, den man bisher noch nicht erreicht hatte.

Zu einer genauen Erkenntniß des Princips der Nüzlichkeit bedurfte es der Anfertigung eines Verzeichnisses aller Lustempfindungen und aller Unlustempfindungen. Es enthält die ersten Elemente, die Ziffern der moralischen Rechnung. So wie man es in der Arithmetik mit Zahlen zu thun hat, die man kennen muß, so hat man in der Moral und in der Gesezgebung mit Lust- und Unlustempfindungen zu thun, deren vollständige und genaue Kenntniß dem Moralisten und Gesezgeber nothwendig ist.

Hierauf war erforderlich, das Verfahren anzugeben, wodurch man die Größe irgend einer Lustempfindung oder einer Unlustempfindung messen könne, um dieselben richtig zu vergleichen. Jeder Irrthum hätte hier die wichtigsten Folgen gehabt. Diese Berechnung kommt auf die ersten Operationen der Rechenkunst zurük: den Werth einer Handlung schäzen heisst alle Güter, alle Uebel, die aus dieser Handlung hervorgehn, zusammenrechnen, und finden, was übrig bleibt, wenn man eine gewisse Summe von Lustempfindungen, oder eine gewisse Summe von Unlustempfindungen abzieht.

Aber was diese Berechnung verwickelt macht, ist der Umstand, daß die Sensibilität der Menschen nicht gleichförmig ist: dieselben Gegenstände erregen in verschiedenen Menschen stärkere oder schwächere, ja selbst verschiedenartige Empfindungen.

Das Alter, die Erziehung, der Stand, das Vermögen, die Religion, das Clima, das Geschlecht und viele andere Ursachen haben einen bedeutenden und so zu sagen stets sich gleich bleibenden Einfluß auf die Empfindungsweise der Menschen. Es mußte ein genaues Verzeichniß dieser Umstände, die eine so große Verschiedenartigkeit der Sensibilität bewirken, angefertigt werden, um die Wirksamkeit der Gesezgebung, so viel als möglich, der Verschiedenheit der Eindrücke, welche die einzelnen Menschen empfangen, anzupassen.

Vermittelst der Berechnung der Güter und Uebel war es nicht schwer, den wahren Charakter des Verbrechens zu finden; es mußte aber noch die Schwere jedes Verbrechens gemessen werden. Diese Aufgabe hat der Verfasser dadurch erfüllt, daß er den Fortschritt oder den Gang des aus dem Verbrechen hervorgehenden Uebels darstellte, dies heißt, daß er beobachtete, wie das Uebel auf die Menschen einwirkt, wie es sich vom ersten Leidenden anf andere Personen ausbreitet, wie es in gewissen Fällen durch Theilung schwächer wird, wie es sich in andern Fällen vervielfältigt.

Nach Aufstellung dieser Principien, nach welchen die Schwere der Verbrechen zu schäzen ist, bot sich eine eben so neue als fruchtbare Classification der Verbrechen dar. In dieser Classification sieht man mit dem ersten Blik, was sie

Gemeinsames, was sie Verschiedenartiges haben; man entdeckt allgemeine Grundsäze, die sich ohne Ausnahme auf diese oder jene Art von Verbrechen anwenden lassen. Das Chaos wird Ordnung, das Licht verbreitet sich, und man durchschaut den Plan des Gesezgebers. —

Ich könnte diese Beispiele vermehren, doch sie genügen, um zu erklären, was ich unter jenen logischen Werkzeugen verstehe, die der Gesezgebung nothwendig sind und ihr bis jezt gefehlt haben. Diese Analysen, diese Cataloge, diese Classificationen sind eben so viele Mittel, um mit Sicherheit zu Werke zu gehen, nichts Wesentliches auszulassen, nicht aus Unaufmerksamkeit von seinen eignen Principien sich zu entfernen, und die Lösung, selbst der schwierigsten Aufgaben, auf eine Art von Mechanismus zurükzuführen. So verstärkt der Physiker, indem er die Tabellen der chemischen Verwandtschaften durchläuft, die Verkettung seiner Ideen, und gewinnt Zeit durch die Schnelligkeit der Vergleichungen und Erinnerungen.

Die Einheit der Maße und Gewichte kann mir zum Gegenstand der Vergleichung dienen, um eine klarere Idee von Benthams Ziel zu geben. Er hat die Nothwendigkeit gefühlt, ein unveränderliches Princip aufzustellen, das ein gemeinsames Maß in der Moral begründen, und diese Einheit gewähren könne: das wichtigste, aber auch das schwierigste aller Probleme in der Philosophie.

Was ich Verschiedenartigkeit der Gewichte und Maße in der Moral nenne, ist die zwiefache Verschiedenheit, die in den Urtheilen der Menschen über die für gut oder böse gehaltenen Handlungen besteht, und in den Principien selbst, worauf diese Urtheile beruhn. Die Folge davon ist, daß die menschlichen Handlungen aller authentischen und sichern Taxe ermangeln, daß die moralische Werthschäzung bei allen Völkern und in allen Classen verschieden ist, und daß bei dem Mangel einer gemeinsamen Regel diejenigen, die mit einander übereinstimmen, immer bereit sind sich zu theilen, diejenigen, die mit einander streiten, durchaus nicht dahin streben sich zu vereinigen. Da jeder nur seine subjectiven Gründe geltend macht, vermag er nichts über diejenigen, die ihm widersprechen, und die gegenseitige Anklage der Hartnäckigkeit und des bösen Glaubes endet beinahe jeden Streit über Meinungen durch eine feindliche Stimmung der Gemüther.

Wenn, wie nicht zu bezweifeln ist, in der Gesellschaft des menschlichen Geschlechtes ein gemeinsames Interesse existirt; so ist die Aufgabe, die Einheit der Gewichte und Maße in der Moral zu begründen, nur durch die Entdeckung dieses gemeinsamen Interesses zu lösen, und die Aufgabe des Gesezgebers besteht darin, dieses gemeinsame Interesse durch die Anwendung der Strafen und Belohnungen herrschend zu machen.

Dies gemeinsame Interesse kann nur durch ein in die Tiefe des menschlichen Herzens dringendes Studium gefunden werden. Wie man die physischen Wahrheiten durch Beobachtung der Phänomene der Natur sucht, so muß man die moralischen Wahrheiten durch die Beobachtung der Empfindungen der Menschen erforschen. Diese empirische Forschung, methodisch geleitet, würde zwei neue Wissenschaften erzeugen: die, welche Bentham „geistige Pathologie" nennt, und eine andre, die „geistige Dynamik" genannt werden könnte.

Den Gegenstand der geistigen Pathologie bildet die Sensibilität des Menschen, als ein passives Wesen betrachtet, das heißt, als der Einwirkung verschiedener Gegenstände unterworfen, die ihn Eindrücke von angenehmen oder unangenehmen Gefühlen empfinden lassen. Der Verfasser hat die Grundsteine zu dieser Wissenschaft gelegt in dem Verzeichniß der Lustgefühle und der Unlustgefühle, so wie in dem Verzeichniß der verschiedenen Umstände, welche auf die Empfindungsweise der Menschen Einfluß ausüben.

Die Dynamik ist die Wissenschaft von den bewegenden Kräften: die geistige Dynamik würde also die Wissenschaft von den Mitteln sein, auf die activen Vermögen des Menschen zu wirken. Da der Gesezgeber berufen ist, die Handlungsweise der Bürger zu bestimmen, muß er alle Triebfedern des menschlichen Willens erforschen: er muß die einfache und zusammengesezte Kraft aller Motive studiren, er muß es verstehn, dieselben nach seiner Willkühr zu regeln, sie mit einander zu vereinigen, ihnen entgegenzuwirken, sie aufzuregen oder sie niederzudrücken. Die Motive sind die Hebel, die Mächte, deren er sich zur Ausführung seiner Absichten bedient.

Diese beiden Wissenschaften stehn in der Medicin in einer engen Verbindung mit einander. Man muß zuerst die passive Natur, die physische Beschaffenheit des Menschen studiren und alle die Veränderungen, welche diese beseelte Maschine durch den Einfluß innerer oder äußerer Ursachen erleiden kann. Und hierauf muß man die activen Principien kennen lernen, die Kräfte, die in der Organisation ihren Siz haben, um ihnen nicht entgegenzustreben, um diejenigen zu schwächen, die dem Organismus schädlich sein würden, und diejenigen anzuregen, die günstige Veränderungen herbeizuführen geeignet sind.

Betrachte ich dieses Werk in seinem ganzen Umfang, so scheint es mir ein nothwendiges Gegengift gegen zwei Arten politischer Gifte zu enthalten, wovon das eine die Skeptiker, das andre die Dogmatiker verbreitet haben.

Ich verstehe unter Skeptikern diejenigen, welche der Meinung sind, daß es in der Moral und in der Gesezgebung durchaus keine sichern und allgemein gültigen Principien gebe, daß alles ein ungewisses Rathen, daß das Herkommen der einzige Führer sei, daß man die Geseze so lassen müsse, wie sie sich unter irgend einem Volke historisch entwickelt haben, mit einem Worte, daß die politischen Schriftsteller nur gefährliche Phantasten seien, die wohl zerstören, aber nichts aufbauen können, weil es keine feste Basis für die moralischen Wahrheiten gebe.

Diese entmuthigende, dem Egoismus und der Trägheit so günstige Ansicht, erhält sich nur durch unbestimmte Ideen und schlecht erklärte Ausdrücke, denn sobald man das Ziel der Geseze auf einen einzigen Saz zurükführt — dem Uebel vorzubeugen, — ergibt sich, daß es, da die menschliche Natur überall dieselbe ist, denselben Uebeln unterworfen, von denselben Motiven geleitet, allgemeine Principien geben müsse, welche zur Basis einer Wissenschaft tauglich sind.

Was man gethan hat, beweist, was man thun kann. Ist nicht das Reich der Uebel durch die allmähligen Eroberungen der Klugheit und der Erfahrung zum Theil unterworfen, eingeschränkt, geschwächt? Hat man nicht die Gesezgebung dem Fortgang der Civilisation langsamen Schrittes folgen gesehn, sich entwickeln, milder werden, ihre Verirrungen anerkennen, sich mit der Zeit verbessern gesehn? Weßhalb sollten die Irrthümer in dieser Laufbahn mehr beweisen, als in andern?

Alle Künste, alle Wissenschaften haben gleiche Gradationen der Entwicklung gehabt. Die wahre Philosophie ist erst im Entstehn. Locke ist der erste, welcher sie auf das Studium der Menschen angewandt hat, Beccaria hat ihr zuerst einige Zweige der Gesezgebung unterworfen, und Bentham das ganze System derselben. Auf der Höhe der Entwicklungsstufe, worauf sich die Wissenschaft in unsren Tagen geschwungen, in dieser Ausrüstung durch neue Werkzeuge, durch Definitionen, durch eine Kunstsprache, durch Classificationen, durch Methoden, darf sie nicht mehr mit dem verglichen werden, was sie in ihrem Zustande der lallenden Kindheit, der Armuth, der Ungewißheit war, als sie nicht einmal eine allgemeine Eintheilung hatte, als ihre verschiedenen Theile unter einander verwirrt, und die Verbrechen, diese ersten Elemente der Gesezgebung, unter den unbestimmtesten Benennungen chaotisch durch einander geworfen waren.

Die Dogmatiker bilden zahlreiche und folglich einander sich hassende Secten: alle sind aber in der Politik eine Art Inspirirter, die glauben, zu glauben gebieten, und keine Gründe geben. Sie haben Glaubensbekenntnisse, zauberische Worte, wie „Gleichheit, Freiheit, passiver Gehorsam, göttliches Recht, Rechte des Menschen, politische Gerechtigkeit, Naturrecht, gesellschaftlicher Vertrag." Sie haben unbeschränkte Grundsäze, unbedingte Regierungsmaximen, die sie ohne Rüksicht auf die Vergangenheit und auf die Gegenwart anwenden, weil sie von der Höhe ihres Genies die Gattung, nicht die Einzelnen in Betracht ziehn, und das Glük einer Generation nicht in die Wagschale gelegt haben wollen gegen ein erhabenes System. Ihre Ungeduld, ihre Ideen ins Leben zu führen, steht im Verhältniß mit ihrer Unfähigkeit, an ihrer Wahrheit zu zweifeln, und ihre unzerstörliche Eitelkeit bestimmt sie, ihre Maßregeln mit eben so vieler Gewaltthätigkeit zu begleiten, als Despotismus ihre Meinungen erfüllt.

Nichts ist diesem dogmatischen, diesem despotischen Geiste, diesem Prahlen mit allumfassendem unfehlbarem Wissen so entgegengesezt, wie das System Benthams: er hat zuerst die Sympathien und Antipathien unter die falschen Principien der moralischen und politischen Beurtheilung aufgeführt, er hat das Verfahren einer moralischen Arithmetik gelehrt, wobei alle Lustempfindungen, alle Unlustempfindungen, so wie alle auf die Sensibilität des Menschen einwirkende Umstände in Rechnung kommen; er will kein Gesez zulassen, wovon man keinen klaren Grund angibt; er hat alle Sophismen widerlegt, wodurch man gegenwärtige und individuelle Interessen entfernten und abstracten aufopfern will; er, endlich, läßt nicht das Atom eines Uebels auf den hassenswürdigsten Missethäter fallen, ohne die Nothwendigkeit davon ausdrüklich zu rechtfertigen. Er ist so wenig ohne weiteres aburtheilend, von der Wahrheit des Sazes, daß man niemals Alles vorhersehn könne, so überzeugt, daß er sich weigern würde, selbst die Geseze, die er als die besten und am unbestreitbarsten nüzlichen erkannt hätte, für eine bestimmte Zeit unveränderlich zu machen, und in die Rechte der Zukunft einzugreifen. So hat dies System, stets gemässigt, stets gründlich, weniger Glanz, weniger scheinbare Kraft, als die Systeme der dogmatischen Schriftsteller. *) Es schmeichelt nicht der trägen Eigenliebe, die Alles in Einer Formel lernen, alles in einige hervorstechende Züge concentriren will. Es ist wenig anziehend für die ungeduldigen Leidenschaften, die das langsame Verfahren mit der Wage und dem Compaß nicht lieben, und es wird alle jene Unfehlbaren gegen sich aufregen, indem es ihre gebieterischen Aussprüche entlarvt. W i e v i e l i s t b e i e i n e m G e s e z e z u b e d e n k e n, sagt er zu Ende seiner Einleitung in die Principien der Moral und Gesezgebung; und gewiß, man hat ihn nicht begriffen, man hat seine Principien nicht gefaßt, wenn man nicht, nachdem man ihn gelesen, mit einer innigen Ueberzeugung wiederholt: W i e v i e l i s t b e i e i n e m G e s e z e z u b e d e n k e n!.

Wie groß auch der Einfluß sein möge, den man von seinen Schriften erwarten kann, eines glänzenden Erfolges werden sie sich dennoch wohl nicht zu erfreuen haben. Sie lehren eine neue Wissenschaft, aber sie zeigen auch ihre Schwierigkeiten. Sie geben der Thätigkeit des Urtheils

*) Plus fecit qui judicium abstutit quam qui meruit.

Sen.

Sicherheit, aber sie erfordern ein ausdauerndes Studium. Sie müßten, um ihren Zwek zu erfüllen, Schüler finden; aber unglüklicherweise findet man in der Kunst der Gesezgebung nur Meister.

Glüklich diejenigen, die das Studium dieses Werkes umsichtiger, langsamer zum Hervortreten macht. Ihre Gedanken, längere Zeit auf einen Gegenstand gerichtet, werden Gehalt und Kraft gewinnen.

Die Leichtigkeit ist der Fallstrick mittelmäßiger Köpfe, und erzeugt nie etwas Großes. Diese Meteore, plözliche Gebilde einer erhizten Atmosphäre, glänzen einen Augenblik, und verlöschen, ohne ein Spur zu hinterlassen. Derjenige aber, der sich in seinen ersten Erzeugnissen mißtraut, und dessen Feuer nicht zu früh verraucht, bereichert sein Talent mit allem dem, was er den frühreifen Genüssen der Eitelkeit versagt; und diese Achtung, die er dem Urtheil aufgeklärter Männer bezeigt, ist die sichere Bürgschaft jener, die er sich selbst erwerben wird.

Principien der Gesezgebung.

1. Capitel.

Vom Princip der Nüzlichkeit.

Das öffentliche Wohl sei das Ziel des Gesezgebers: die allgemeine Nüzlichkeit sei das höchste Princip in der Gesezgebung. Die Erkenntniß des Wohls der Gemeinschaft, von deren Interessen es sich handelt, bildet die Theorie, die Auffindung der Mittel es zu verwirklichen, die Praxis.

Diesem Princip der Nüzlichkeit, ohne weiteres ausgedrükt, wird wenig widersprochen: man betrachtet es sogar als eine Art von Gemeinplaz in der Moral und Politik. Allein die fast allgemeine Beistimmung, die es findet, ist nur scheinbar. Man knüpft an dieses Princip nicht dieselben Begriffe; man gibt ihm nicht dieselbe Geltung und so sind denn auch die Folgerungen daraus nicht einstimmig und gleichförmig.

Um demselben die volle ihm gebührende Wirksamkeit zu geben, das heißt, um es zur Basis eines gleichen Denkens zu machen, sind drei Bedingungen zu erfüllen.

Die erste ist, mit dem Worte Nüzlichkeit klare und bestimmte Begriffe zu verbinden, die für Alle, die es gebrauchen, dieselben sein können.

Die zweite ist, jenem Princip die alleinige, unumschränkte Herrschaft zuzusichern: jedes andre ist streng auszuschließen. Es ist nicht genug, ihm im Allgemeinen zu huldigen: es darf keine Ausnahme gestattet werden.

Die dritte ist, eine moralische Arithmetik zu erfinden, wodurch man zu gleichförmigen Resultaten gelangen könne.

Die Ursachen der Abweichung von jenem Princip können sich auf zwei falsche Principien beziehen, die einen bald offenbaren, bald geheimen Einfluß auf die Urtheile der Menschen ausüben. Kann man dazu gelangen, sie genau zu bezeichnen und sie auszuschließen, so wird das wahre Princip in seiner Reinheit und in seiner Kraft bleiben.

Diese drei Principien sind gleichsam drei Wege, die sich oft durchkreuzen, und wovon nur einer zum Ziele führt. Es ist kein Reisender, der nicht oft von dem einen auf den andern gerathen, und durch diese Abirrungen mehr als die Hälfte seiner Zeit und seiner Kräfte verloren. Der gute Weg ist jedoch der leichteste; er hat Meilensteine, die man nicht versezen kann; er hat unlöschbare Aufschriften in einer allgemeinen Sprache, während die beiden falschen Wege nur widersprechende Wegweiser und räthselhafte Zeichen haben. Aber, um keinen Mißbrauch mit der Sprache der Allegorie zu treiben, suchen wir klare Begriffe über das wahre Princip und seine beiden Gegner zu geben.

Die Natur hat den Menschen unter die Herrschaft des Vergnügens und des Schmerzes gestellt. Ihnen verdanken wir alle unsre Ideen; auf sie beziehn wir alle unsre Urtheile, alle Bestimmungen unseres Lebens. Wer behauptet, sich dieser Herrschaft entziehen zu können, weiß nicht, was er sagt: selbst in dem Augenblicke, wo er die größten Vergnügen von sich weiset, und die lebhaftesten Schmerzen ergreift, ist es sein einziges Ziel, das Vergnügen zu verfolgen, den Schmerz zu meiden. Diese ewigen und unwiderstehlichen Empfindungen müssen das große Studium des Moralisten und Gesezgebers sein. Das Princip der Nüzlichkeit ordnet diesen beiden Beweggründen Alles unter.

Nüzlichkeit ist ein abstracter Ausdruck. Er drückt die

Eigenschaft oder die Tendenz einer Sache aus, vor irgend einem Uebel zu bewahren oder irgend ein Gut zu verschaffen. Uebel ist Unlust, Schmerz oder Ursache von Schmerz; Gut ist Vergnügen oder Ursache von Vergnügen. Alles das ist dem Nuzen oder dem Interesse eines Individuums gemäß, was dahin zielt, die Totalsumme seines Wohlseins zu vermehren; alles das ist dem Nuzen oder dem Interesse einer Gemeinschaft gemäß, was dahin zielt, die Totalsumme des Wohlseins der Individuen zu vermehren, welche sie bilden.

Ein Princip ist eine höchste Idee, wovon man bei wissenschaftlichen Untersuchungen ausgeht. Es ist, unter einem sinnlichen Bilde vorgestellt, der feste Punkt, woran man den ersten Ring einer Kette knüpft. Das Princip muß in sich gewiß sein; zu seiner Anerkennung genügt, es aufzuklären, es zu entwickeln. Es ist den mathematischen Axiomen gleich: man beweist sie nicht geradezu, aber man zeigt, daß man sie nicht verwerfen könne, ohne in das Absurde zu fallen.

Die Logik der Nüzlichkeit besteht darin, daß man bei jedem Urtheil von der Berechnung oder Vergleichung der Lust- und Unlust-Empfindungen ausgeht, und keiner andern Idee einen Einfluß auf seine Entscheidung gestattet.

Man ist ein Anhänger des Princips der Nüzlichkeit, wenn man seine Billigung oder Mißbilligung einer auf das Gemeinwesen oder auf ein Individuum sich beziehenden Handlung nach ihrer Tendenz, Lust oder Unlust zu erzeugen, abmißt; wenn man die Wörter „Gerecht, Ungerecht, Sittlich, Unsittlich, Gut, Schlecht", als Collectivbegriffe, welche die Vorstellungen von gewissen Lust- und Unlust-Empfindungen in sich schließen, gebraucht, ohne ihnen einen andern Sinn zu geben: wohl verstanden, daß ich die Wörter „Lust- und Unlust" in ihrer gebräuchlichen Bedeutung nehme, ohne willkührliche Definitionen zu erfinden, um gewisse Lustempfindungen auszuschließen, oder das Dasein gewisser Unlustempfindungen zu leugnen. Verbannt sei Subtilität, verbannt Metaphysik; nicht Platon, nicht Aristoteles sollen uns rathen. Lust und Unlust ist das, was jeder als solche empfindet, der Landmann wie der Fürst, der Unwissende wie der Philosoph.

Für die Anhänger des Princips der Nüzlichkeit ist Tugend nur ein Gut wegen der Lust, die aus ihr entspringt; das Laster nur ein Uebel wegen der Unlust, die die Folge davon ist. Das moralische Gut ist ein Gut nur durch seine Tendenz, physische Güter hervorzubringen; das moralische Uebel ist ein Uebel nur durch seine Tendenz, physische Uebel hervorzubringen: unter physischen Gütern und Uebeln verstehe ich aber die geistige Lust und Unlust ebensowohl als die sinnliche.

Wenn der Anhänger des Princips der Nüzlichkeit in dem allgemein angenommenen Verzeichniß der Tugenden eine Handlung fände, woraus mehr Unlust als Lust hervorginge; so würde er ohne Bedenken eine solche vergebliche Tugend für ein Laster erklären; er würde sich nicht durch den allgemeinen Irrthum täuschen lassen; er würde nicht leicht glauben, daß man falsche Tugenden zur Stüze der wahren gebrauchen dürfe.

Wenn er ebenso in dem allgemein angenommenen Verzeichniß der Vergehen irgend eine gleichgültige Handlung fände, irgend ein unschuldiges Vergnügen; so würde er ohne Bedenken dieses vorgebliche Vergehen in die Classe erlaubter Handlungen setzen; er würde den vorgeblichen Verbrecher bemitleiden, und seinen Unwillen auf die falschen Tugendhaften, die ihn verfolgen, wenden.

2. Capitel.

Princip des Ascetismus.

Dies Princip steht im vollsten Gegensaz mit demjenigen, das wir so eben entwickelt haben. Seinen Anhängern ist die Lust ein Gegenstand des Abscheus; Alles, was den Sinnen schmeichelt, scheint ihnen hassenswürdig oder verbrecherisch. Sie gründen die Moral auf Entbehrungen, und die Tugend auf Selbstverleugnung. Kurz, grade umgekehrt wie die Anhänger der Nüzlichkeit, billigen sie Alles, was auf Verminderung der Genüsse hinzielt, und tadeln, was hinzielt auf ihre Vermehrung.

Dies Princip hat in zweien Classen von Menschen, die sich sonst wenig gleichen, und selbst Verachtung gegen einander affectiren, mehr oder weniger Anhänger gefunden. Die einen sind Philosophen, die andern Frömmler. Die ascetischen Philosophen, erregt durch die Hoffnung auf Beifall, haben sich geschmeichelt, durch Verachtung der gewöhnlichen Genüsse über die Menschheit erhaben zu scheinen. Sie wollen mit Achtung und Ruhm für alle Opfer, die sie der Strenge ihrer Maximen zu bringen scheinen, bezahlt sein. Die ascetischen Frömmler sind Unsinnige, gequält von eiteln Schrecken. Der Mensch ist in ihren Augen nur ein entartetes Wesen, das sich ohne Aufhören für das Verbrechen seiner Geburt strafen, und nie seine Gedanken von dem Abgrund ewigen Elends, der sich zu seinen Füßen öffnet, abwenden soll. Indeß sind die Märtyrer dieser thörichten Meinungen auch reich an Hoffnungen. Unabhängig von den weltlichen Vergnügen, die sich an den Ruf der Heiligkeit knüpfen, schmeicheln sich diese finstern Frommen, daß jeder Augenblik freiwilligen Schmerzes hienieden ihnen ein Jahrhundert von Glück in einem andern Leben bringen werde. So beruht das ascetische Princip auf einer falschen Idee von Nüzlichkeit. Es gelangt nur durch einen groben Widerspruch zur Herrschaft. *)

Die Frömmler haben den Ascetismus viel weiter getrieben als die Philosophen. Die Philosophen haben sich darauf beschränkt, den Werth der verschiedenen Vergnügen zu bestimmen; die religiösen Secten haben eine Pflicht daraus gemacht, sich Schmerzen zuzufügen. Die Stoiker haben gesagt, daß der Schmerz durchaus kein Uebel sei; die Jansenisten haben behauptet, er sei ein Gut. Die Philosophen haben nie die Lust im Allgemeinen verworfen, sondern nur die Arten derselben, die sie grob und sinnlich nannten, während sie die geistigen Genüsse priesen: sie gaben also mehr einigen Lustgefühlen den Vorzug, als daß sie die übrigen gänzlich ausschlossen. Stets herabgewürdigt und verachtet unter ihren eignen Namen, hat die Lust Aufnahme und Beifall unter den Namen „Rechtschaffenheit, Ruhm, Ehre, Selbstachtung und Wohlanständigkeit" gefunden.

Um der Beschuldigung, daß ich die Absurdität der Asceten übertreibe, zu entgehen, will ich den am wenigsten unvernünftigen Grund, der sich für ihr System anführen läßt, aufsuchen. Man hat bald erkannt, daß

*) Dieser Widerspruch besteht darin, daß sie auf der einen Seite Gott als ein Wesen von unendlicher Güte darstellen, während sie auf der andern Seite ihm in seinen Verboten und Drohungen Alles beilegen, was man von einem unversöhnlichen Wesen, das sich seiner Allmacht nur zur Befriedigung seines Uebelwollens bedient, erwarten kann.

Man kann die ascetischen Theologen fragen, wozu das Leben gut wäre, wenn nicht für die Vergnügen, die es uns verschafft, und welche Sicherheit der Güte Gottes in einem andern Leben wir haben können, wenn er uns in diesem die Vergnügen verboten hätte.

die Lockung der Lust in gewissen Umständen verführen, das heißt, zu verderblichen Handlungen verleiten kann, zu Handlungen, deren Nachtheil den Nuzen überwiegt. Solche Vergnügen wegen ihrer üblen Folgen zu verbieten, werden gesunde Moral und gute Gesetze sich angelegen sein lassen; die Asceten aber haben einen Mißgriff gethan, sie haben die Lust selbst angefochten, sie haben sie im Allgemeinen verdammt, sie zum Gegenstand eines unbeschränkten Verbots, zum Zeichen einer verworfenen Natur gemacht, und nur in Rücksicht auf die menschliche Schwäche haben sie einzelne Ausnahmen zugelassen.

---

3. Capitel.

I. Willkührliches Princip oder Princip der Sympathie und Antipathie.

Dieses Princip besteht darin, daß man nach seinem Gefühl billigt oder tadelt, ohne einen andern Grund von diesem Urtheil anzugeben, als das Urtheil selbst. „Ich liebe, ich hasse", das ist die Angel, um die es sich dreht. Eine Handlung wird für gut oder schlecht erklärt, nicht weil sie dem Interesse derer, wovon es sich handelt, gemäß oder zuwider ist, sondern weil sie dem, der urtheilt, gefällt oder mißfällt. Er spricht gebieterisch: es läßt keine Berufung zu: er glaubt sich nicht verbunden, sein Gefühl durch irgend eine auf das Wohl der Gesellschaft sich beziehende Betrachtung zu rechtfertigen. Es ist meine innigste Ueberzeugung; ich fühle es; das Gefühl sucht bei keinem Rath; unglüklich der, welcher nicht so denkt! er ist kein Mensch, er ist ein Unge=

heuer in menschlicher Form: so ist der despotische Ton seiner Aussprüche.

Aber, wird man sagen, gibt es Menschen, die unvernünftig genug sind, ihre besondern Gefühle für Geseze auszugeben, und sich das Privilegium der Unfehlbarkeit anzumaßen? Was du Princip der Sympathie und Antipathie nennst, ist gar kein Princip der Beurtheilung; es ist vielmehr die Negation, die Vernichtung jedes Princips. Es entsteht daraus eine wahrhafte Anarchie der Ideen, da bei gleichem Recht jedes Menschen, sein Gefühl als Regel der Gefühle Aller geltend zu machen, es keinen allgemeinen Maßstab, kein allgemeines Tribunal, woran man appelliren könnte, hinführo geben würde.

Ohne Zweifel, die Absurdität dieses Princips ist augenscheinlich. Auch wird kein Mensch ganz offen sagen: ich will, daß ihr denkt wie ich, ohne mir die Mühe zu geben, mich in Erörterungen mit euch einzulassen. Jeder würde sich gegen eine so tolle Anmaßung erheben; aber man nimmt seine Zuflucht zu verschiedenen Erfindungen, um sie zu verbergen: man verschleiert diesen Despotismus unter irgend einer schönen Phrase. Die meisten Systeme der Moralphilosophie liefern davon den Beweis.

Der eine sagt euch, er habe ein Etwas in sich, das ihm gegeben sei, um ihn zu lehren, was gut und was bös ist; und er nennt es Gewissen oder moralischen Sinn: hierauf entscheidet er, wie es ihm gefällt: dies ist gut, jenes ist schlecht; — warum? mein moralischer Sinn sagt es mir, mein Gewissen billigt oder mißbilligt es.

Ein Andrer kommt mit einer andern Phrase: es ist nicht mehr der moralische Sinn, es ist der allgemeine Menschenverstand, der das Gute vom Bösen unterscheiden lehrt: diesen allgemeinen Menschenverstand, sagt er, haben alle Menschen: wohl verstanden, daß er keinen von denen in Rechnung bringt, die nicht denken, wie er.

Noch ein andrer sagt euch, daß jener moralische Sinn und allgemeine Menschenverstand Träumereien seien, daß vielmehr die Vernunft bestimme was gut sei und was böse. Seine Vernunft gebietet ihm dieses und jenes; alle guten und weisen Menschen haben genau so eine Vernunft, wie die seinige. Was diejenigen betrifft, die nicht so denken, wie er: um so schlimmer für sie; es ist ein Beweis, daß ihre Vernunft mangelhaft oder verderbt ist.

Andre sagen euch, daß es eine ewige und unwandelbare Regel des Rechtes gebe, daß diese Regel so oder so gebiete: hierauf bieten sie euch ihre besonderen Gefühle, die ihr als Sprößlinge der ewigen Rechtsregel anzunehmen verpflichtet seid.

Eine Menge von Professoren, Juristen, Magistraten, Philosophen werden in eure Ohren das Gesez der Natur erschallen lassen. Sie streiten sich zwar alle über jeden Saz ihres Systems; aber das thut nichts: jeder von ihnen tritt mit unerschütterlicher Zuversicht auf, und gibt euch seine Meinungen für Capitel aus dem Gesez der Natur aus. Die Phrase wechselt hier und dort: man spricht von Naturrecht, natürlicher Billigkeit, Menschenrechten u. s. w.

Einem Philosophen ist es eingefallen, ein Moralsystem auf das zu bauen, was er die Wahrheit nennt: nach ihm gibt es nichts Böses auf der Welt, außer der Lüge. Tödtest du deinen Vater, so begehst du ein Verbrechen, weil dies eine besondere Art ist zu sagen, daß er nicht dein Vater sei. Alles was diesem Philosophen nicht gefällt, mißbilligt er unter dem Vorwand, daß es eine Art von Lüge sei. Es ist als ob man sagte, man solle das thun, was man nicht thun soll.

Unter diesen Despoten sind diejenigen am aufrichtigsten, die unverholen sagen: Ich bin von der Zahl der Erwählten; und Gott trägt Sorge, seine Erwählten von Allem, was gut oder bös ist, zu unterrichten. Er selbst offenbart sich mir und spricht durch meinen Mund. So kommt denn ihr Alle, die ihr im Zweifel seid, zu mir; ich werde euch die Orakel der Gottheit selbst mittheilen.

Alle diese und viele andre Systeme sind im Grunde nichts als das willkührliche Princip, das Princip der Sympathie und Antipathie unter der Larve verschiedener Phrasen. Man will seinen Gefühlen den Sieg verschaffen, ohne auf die der Andern Rücksicht zu nehmen: diese falschen Principien verschleiern und nähren den Despotismus, wenigstens den Despotismus der Gesinnung, der jedoch nur zu geneigt ist, wo er es ungestraft kann, in That überzugehn. Die Folge davon ist, daß mit den reinsten Absichten ein Mensch sich selbst peinigt und die Geißel seiner Mitmenschen wird. Ist er von melancholischem Charakter, so verfällt er in stummen Trübsinn, und beklagt bitter die Thorheit und Verderbtheit der Menschen. Ist er von reizbarem Naturell, so eifert er wüthend gegen Alle, die nicht denken wie er. Er ist einer jener heftigen Verfolger, die auf heilige Weise das Böse thun, die das Feuer des Fanatismus mit dem unheilvollen Eifer anschüren, den die Ueberzeugung der Pflicht gibt, und die mit dem Vorwurf der Verkehrtheit oder des bösen Glaubens diejenigen brandmarken, die nicht blind geheiligte Meinungen adoptiren.

Indeß ist es wichtig zu bemerken, daß das Princip der Sympathie und Antipathie oft mit dem der Nüzlichkeit zusammenfallen muß. Dem, was uns nüzt, seine Gunst, dem was uns schadet, seinen Haß zuzuwenden, ist eine Neigung des menschlichen Herzens, die allgemein ist. So findet man von einem Ende der Welt bis zum andern gemeinsame Gefühle der Billigung oder Mißbilligung für wohlthätige oder schädliche Handlungen. Die Moral und die Jurisprudenz, durch diese Art von Instinkt geführt, haben meist das große Ziel der Nüzlichkeit erreicht, ohne eine klare Idee davon zu haben. Aber diese Sympathien, diese Antipathien sind keine zuverlässigen und beständigen Führer. Es beziehe ein Mensch sein Wohl oder seine Uebel auf eine eingebildete Ursache: er ist ungegründeten Begehrungen und Verabscheuungen Preis gegeben. Der Aberglaube, die Charlatanerie, der Secten- und Partheigeist beruhn fast einzig auf blinden Sympathien und Antipathien.

Die geringfügigsten Umstände, ein Unterschied in den Moden, eine unbedeutende Abweichung der Meinungen, eine Verschiedenheit des Geschmaks genügen, einen Menschen in den Augen eines andern als einen Feind erscheinen zu lassen. Die Geschichte, was ist sie anders, als eine Sammlung unsinniger Anfeindungen, zweckloser Verfolgungen? Ein Fürst faßt eine Antipathie gegen Menschen, die gewisse gleichgültige Worte aussprechen; er nennt sie Arianer, Protestanten, Socinianer, Deisten. Man errichtet Schaffotte für sie. Die Diener des Altars bereiten Scheiterhaufen: der Tag, wo diese Kezer im Schooße der Flammen untergehn, ist ein Volksfest. Ist nicht in Rußland ein bürgerlicher Krieg hervorgegangen aus einer langen Streitigkeit über die Zahl der Finger, deren man sich bedienen müsse, wenn man das Zeichen des Kreuzes macht? Haben sich nicht die Bürger von Rom und Constantinopel in unversöhnliche Parteien zertheilt wegen Schauspieler, Wagenlenker, Gladiatoren? Und hat man nicht, um diesen schimpflichen Zwisten Wichtigkeit zu geben, behauptet, daß der Sieg der Grünen, oder der Blauen Ueberfluß oder Mangel, Triumphe oder Niederlagen des Reiches vorbedeute?

Die Antipathie kann sich mit dem Princip der Nüzlichkeit vereinigt finden; allein selbst dann ist sie kein guter Grund für unsre Handlungen. Man verfolge einen Dieb aus Rache vor den Gerichten: die Handlung ist unstreitig gut, das Motiv aber ist gefährlich. Erzeugt es bisweilen auch nüzliche Handlungen, häufiger wird es verderbliche erzeugen. Die einzige stets gute und sichere Basis des Handelns ist die Betrachtung der Nüzlichkeit. Man kann manchmal das Gute aus andern Gründen thun, beständig aber nur, wenn man diesem Princip treu bleibt. Die Antipathie und die Sympathie müssen sich ihm unterwerfen, um nicht verderblich zu werden: jenes Princip aber hat seine Regel in sich; es läßt durchaus keine andre zu, und es ist unmöglich, ihm eine zu weite Ausdehnung zu geben.

Fassen wir das Gesagte kurz zusammen. Das Princip des Ascetismus steht dem der Nüzlichkeit feindlich gegenüber. Das Princip der Sympathie verwirft es weder, noch nimmt es dasselbe an, es gibt keinen Grund, es schwankt unter der Herrschaft des Zufalls zwischen dem Guten und dem Schlechten. Der Ascetismus ist so unvernünftig, daß es seinen unsinnigsten Anhängern nie eingefallen ist, ihn auf die höchste Spize zu treiben. Das Princip der Sympathie und Antipathie hindert seine Anhänger nicht, auf jenes der Nüzlichkeit zurükzukommen. Das leztere allein fordert und duldet keine Ausnahme. Qui non sub me, contra me ist sein Wahlspruch. Nach diesem Princip ist die Gesezgebung ein Werk der Beobachtung und Berechnung; nach den Asceten ist sie ein Werk des Fanatismus; nach dem Princip der Sympathie und Antipathie ein Werk der Laune, der Einbildungskraft und des Geschmakes. Das erste muß den Beifall der Philosophen haben, das zweite den Beifall der Mönche, das dritte den Beifall des Volkes, der schönen Geister, der gewöhnlichen Moralisten und der Weltleute.

II. Ursachen der Antipathie.

Dies Princip übt in der Moral und Gesezgebung einen so großen Einfluß aus, daß es wichtig ist, zu den geheimen Ursachen, die es erzeugen, hinaufzusteigen.

1. Widerstreben der Sinne. Nichts ist gewöhnlicher, als der Uebergang einer physischen Antipathie in eine moralische, besonders in schwachen Geistern. Eine Menge unschuldiger Thiere werden beständig verfolgt, weil sie das Unglük haben uns als häßlich zu erscheinen. Alles Ungewöhnliche kann in uns ein Gefühl des Widerwillens und des Hasses erregen. Das, was man ein Monstrum nennt, ist nur ein Wesen, das in seiner Bildung von allen übrigen seiner Art verschieden ist. Die Hermaphroditen, die nicht wissen, zu welchem Geschlecht sie gehören, werden mit einer Art von Abscheu betrachtet, blos weil sie selten sind.

2. Verlezter Stolz. Wer nicht meine Meinung annimmt, erklärt mittelbar, daß er in diesem Punkte wenig von meiner Einsicht halte. Eine solche Erklärung beleidigt meine Eigenliebe, und zeigt mir einen Gegner in einem Menschen, der mir nicht blos diesen Grad von Geringschäzung bezeugt, sondern auch diese Geringschäzung in dem Maß, als er seine Meinung gegen die meinige geltend zu machen weiß, fortpflanzen wird.

3. Abgewehrte Herrschaft. Wenn auch unsere Eitelkeit nicht leiden sollte, wir fühlen bei der Verschiedenheit des Geschmaks, beim Widerstand der Meinungen,

beim Gegeneinanderstoßen der Interessen, daß unsre Macht beschränkt ist, daß wir in vielen Fällen zu weichen gezwungen sind, daß unsre Herrschaft, die wir nach allen Seiten hin ausdehnen möchten, im Gegentheil von allen Seiten begränzt ist. Alles, was uns an unsre Schwäche erinnert, ist ein geheimer Schmerz, ein Keim der Unzufriedenheit mit Andern.

4. Geschwächtes oder zerstörtes Vertrauen auf die künftigen Handlungen der Menschen. Wir glauben gern, daß unsre Mitmenschen so sind, wie es uns für unser Glük zu Statten kommen würde: jede Handlung von ihrer Seite, die eine Vermindrung unseres Vertrauens auf sie zur Folge hat, kann nur ein geheimes Mißvergnügen verursachen. Ein Beispiel der Falschheit zeigt uns, daß wir auf das, was sie sagen oder versprechen, uns nicht verlassen können; ein Beispiel von Unvernünftigkeit erregt uns einen allgemeinen Zweifel gegen ihre Vernunft, und folglich gegen ihre Handlungsweise. Ein Beispiel von Eigensinn und Leichtsinn läßt uns schließen, daß wir nicht auf ihre Neigungen rechnen dürfen.

5. Getäuschtes Verlangen nach Einstimmigkeit. Die Einstimmigkeit gefällt uns. Jene Harmonie zwischen den Gefühlen eines Andern und den unsrigen ist das einzige äußre Pfand der Wahrheit unserer Meinungen und der Nüzlichkeit der Handlungen, welche die Folge davon sind. Ueberdies unterhalten wir uns gern über die Gegenstände, woran wir Geschmak haben: es ist eine Quelle angenehmer Erinnerungen oder Hoffnungen. Die Unterhaltung mit Personen, die mit uns diese Uebereinstimmung des Geschmaks haben, vermehrt diesen Schaz von Vergnügen, indem sie unsre Aufmerksamkeit auf diese Gegenstände heftet, und sie uns unter neuen Gesichtspunkten zeigt.

6. Der Neid. Wer genießt, ohne Jemanden zu schaden, müßte, wie es scheint, keine Feinde haben; allein man möchte sagen, sein Genuß mache die, welche ihn nicht theilen, ärmer.

Es ist eine allgemeine Bemerkung, daß neue Vortheile mehr Neid erregen, als solche, wobei sich ein alter Besiz findet. Der Ausdruk Glüksritter hat immer eine beleidigende Bedeutung. Es genügt, daß er ein neues Glük bezeichnet; der Neid verknüpft damit als Nebenvorstellungen demüthigende Erinnerungen und eine scheinbare Verachtung.

Der Neid führt zum Ascetismus; in Betracht der verschiedenen Alter, Umstände und Mittel können alle Menschen nicht gleiche Genüsse haben, aber die strenge der Entbehrungen würde sie alle auf gleiche Stufe stellen können. Der Neid macht uns demnach zu einem strengen System in der Moral geneigt, als einem Mittel, die Größe der Genüsse gleich zu machen. Man hat mit Recht gesagt, daß ein Mensch, der mit einem Organ mehr für das Vergnügen geboren wäre, wie ein Ungeheuer verfolgt werden würde.

Dies ist der Ursprung der Antipathien; dies das Verzeichniß der verschiedenen Gefühle, woraus sie bestehn. Um ihre Heftigkeit zu mäßigen, muß man daran denken, daß eine vollkommene Uebereinstimmung zwischen zwei Individuen durchaus nicht stattfinden kann; daß, wenn man sich diesem ungeselligen Gefühl hingibt, es immer stärker wird, und den Kreis unsres Wohlwollens und unsrer Genüsse immer mehr und mehr verengt; daß im Allgemeinen unsre Antipathien gegen uns selbst zurükwirken, und daß es in unsrer Macht steht, sie zu schwächen, und selbst sie gänzlich zu unterdrücken, indem wir aus unsrem Geiste die Vorstellung der Gegenstände, die sie erregen, verbannen. Glücklicher Weise sind die Ursachen der Sympathie beständig und natürlich, die der Antipathie zufällig und vorübergehend.

Man kann die moralischen Schriftsteller in zwei Classen bringen: die einen suchen die giftigen Pflanzen der Antipathie auszurotten, die andern sie zu verbreiten. Jene sind der Schmähung ausgesezt, diese werden geachtet, weil sie unter täuschendem Schleier dem Neid und der Rache dienen. Diejenigen Bücher werden am schnellsten berühmt, die der Dämon der Antipathie dictirt hat, wie Schmähschriften, Parteischriften, satyrische Denkschriften u. s. w. Der Telemach verdankte sein glänzendes Glük nicht seiner Moral, nicht dem Reize des Styls, sondern der allgemeinen Meinung, daß er eine Satyre auf Ludwig XIV und seinen Hof enthalte. Als Hume in seiner Geschichte den Partheigeist beruhigen und die Leidenschaften, wie ein Chemiker die Gifte analysirt, untersuchen wollte, erhob sich gegen ihn die Masse der Leser: die Menschen wollten nicht, daß man ihnen bewiese, sie seien mehr unwissend als schlecht, und die vergangenen Jahrhunderte, immer auf Kosten des gegenwärtigen gepriesen, seien fruchtbarer an Elend und an Verbrechen gewesen.

Glüklich für sich selbst, glüklich der Schriftsteller, der sich den beiden falschen Principien hingibt: ihm öffnet sich das Feld der Beredsamkeit, ihm ist der Gebrauch der Redefiguren eigenthümlich, das Feuer des Styls, der übertriebene Ausdruck: durch Aufregung des Gefühls und der Phantasie reißt er die Gemüther mit sich fort. Alle seine Meinungen sind Dogmata, ewige Wahrheiten, unveränderlich, unerschütterlich, wie Gott und wie die Natur. Er übt als Schriftsteller die Gewalt eines Despoten, und verdammt die, welche nicht denken, wie er.

Der Anhänger des Princips der Nüzlichkeit ist nicht in einer der Beredsamkeit so günstigen Lage. Seine Mittel sind verschieden, wie sein Gegenstand. Er kann nicht dogmatisiren, nicht blenden, nicht überraschen: er verpflichtet sich, alle Ausdrücke zu verdeutlichen, und dasselbe Wort in demselben Sinne zu gebrauchen. Er bedarf langer Zeit, seine Grundsteine zu legen, sich ihrer zu versichern, seine Werkzeuge zu bereiten, und er hat Alles von der Ungeduld zu fürchten, die seiner Vorarbeiten müde wird, und sogleich zu großen Resultaten gelangen will. Indeß dieser langsame und vorsichtige Gang ist der einzige, der zum Ziele führt; und wenn es der Beredsamkeit gegeben ist, die Wahrheit unter das Volk zu verbreiten, so ist es der Analyse vorbehalten sie zu entdecken.

Non fumum ex fulgore sed ex fumo dare lucem
Cogitat.

---

4. Capitel.

Einfluß dieser Principien auf die Gesezgebung.

Das Princip der Nüzlichkeit ist noch von keinem Gesezgeber gehörig entwickelt und angewandt worden; allein, wie gesagt, es hat durch seine zufällige Verbindung mit dem Princip der Sympathie und Antipathie im Gebiet der Gesezgebung gewirkt. Die allgemeinen Ideen von Tugend und Laster, auf unklaren Vorstellungen von Gut und Uebel gegründet, sind im Wesentlichen ziemlich gleichförmig. Die Gegesezgeber haben, indem sie diese Volksideen zu Rathe zogen, die ersten Geseze gemacht, ohne welche die Gesellschaften nicht hätten bestehen können.

Das Princip des Ascetismus, obgleich von seinen Anhängern in ihrem Privatleben mit Wärme umfaßt, hat niemals einen bedeutenden directen Einfluß auf die Handlungen der Regierung ausgeübt. Jede Regierung hat vielmehr das System und das Ziel gehabt, auf Vermehrung der Kraft und des Wohlseins hinzuarbeiten. Zu dem Uebel, das Fürsten angerichtet haben, sind sie nur durch falsche Ansichten von Größe und Macht verleitet worden, oder durch Privatleidenschaften, wovon das öffentliche Unglük wohl die Folge, nicht aber der Zwek war. Die politische Einrichtung von Sparta, das man so treffend ein Kriegerkloster genannt hat, war in Beziehung auf die Verhältnisse dieses Staates zu seiner Erhaltung nothwendig, oder wurde wenigstens von seinem Gesezgeber dafür gehalten, und entsprach unter diesem Gesichtpunkte dem Princip der Nüzlichkeit. Die christlichen Staaten haben zwar die Errichtung von Mönchsorden gestattet, aber die Gelübde wurden als freiwillig betrachtet. Sich selbst zu peinigen, war ein verdienstliches Werk; einen Andern gegen seinen Willen zu peinigen, ein Verbrechen. Ludwig der Heilige trug ein härenes Hemd, verpflichtete jedoch nicht seine Unterthanen, dasselbe zu thun.

Das Princip, das den bedeutendsten Einfluß auf die Regierungen ausgeübt hat, ist das der Sympathie und Antipathie. In der That, auf dieses Princip muß alles das bezogen werden, was man unter den glänzendsten Namen zu erreichen strebt, ohne das Glük als einziges und unabhängiges Ziel vor Augen zu haben: gute Sitten, Gleichheit, Freiheit, Gerechtigkeit, Macht, Handel, selbst Religion: beachtungswürdige Gegenstände, Gegenstände, die allerdings der Gesezgeber ins Auge fassen muß, die ihn jedoch nur zu oft irre leiten, wenn er sie als Zwek, und nicht als Mittel betrachtet. Er sezt sie an die Stelle des zu erstrebenden Glükes, statt sie demselben unterzuordnen.

So betrachtet in der politischen Oeconomie eine zu sehr vom Handel und Reichthum eingenommene Regierung die Gesellschaft nur als eine Werkstätte, die Menschen nur als productive Maschinen, und hat wenig Bedenken, sie zu quälen, wenn sie nur reicher dadurch werden. Sie denkt nur an Douanen, Wechselkurs, öffentliche Fonds, und bleibt gleichgültig bei einer Menge von Uebeln, die sie heilen könnte. Sie will weiter nichts, als daß man viele Werkzeuge des Genusses hervorbringe, während sie ohne Aufhören den Mitteln zu genießen, neue Hindernisse in den Weg legt.

Andre glauben das öffentliche Glük nur in der Macht und dem Ruhme zu finden. Voller Verachtung gegen jene Staaten, die nur in friedlicher Dunkelheit glüklich zu sein wissen, bedürfen sie Intriguen, Negociationen, Kriege, Eroberungen. Sie erwägen nicht, aus wie vielem Unglük dieser Ruhm sich bildet, und wie viele Schlachtopfer ihre blutigen Triumphe vorbereiten. Der Glanz des Sieges, die Erwerbung einer Landschaft verbergen ihnen den trostlosen Zustand ihres Landes, und lassen sie den wahren Zwek der Regierung verkennen.

Manche ziehen gar nicht in Betracht, daß ein Staat gut verwaltet werde, daß die Geseze die Güter und die Personen schüzen, und daß das Volk glüklich sei: über alles schäzen sie die politische Freiheit, das heißt, die möglich gleichmässigste Vertheilung der öffentlichen Macht. Ueberall, wo sie ihre Regierungsform nicht erblicken, sehn sie nur Sklaven; und wenn diese vermeintlichen Sklaven sich glüklich in ihrem Zustande befinden, wenn sie keine Verändrung desselben wünschen, so verachten und schmähen sie dieselben. Sie würden immer bereit sein in ihrem Fanatismus, das ganze Glük einer Nation in einem Bürgerkrieg aufs Spiel zu sezen, um die Macht in die Hände derer zu bringen, die wegen der unbesiegbaren Unwissenheit ihres Standes sich derselben nur zu ihrem eignen Verderben würden bedienen können.

Dies sind einige Beispiele der Phantasien, die man in der Politik an die Stelle des wahren Strebens nach Glük sezt. Diese Fantasien gehen nicht aus einem feindseligen Geiste gegen das allgemeine Glük hervor, sondern aus Unachtsamkeit und Mißverstand. Man ergreift nur einen kleinen Theil des Nüzlichen, woran man sich ausschließlich hängt; man arbeitet dem Glük entgegen, in dem man einen besondern Theil des allgemeinen Glüks verfolgt; man vergißt, daß alle diese Gegenstände nur einen relativen Werth haben, und daß das Glük allein einen innern Werth besizt.

---

5. Capitel.

Beantwortung der Einwürfe gegen das Princip der Nüzlichkeit.

Man kann kleine Bedenklichkeiten, kleine Schwierigkeiten hinsichtlich des Ausdruckes gegen das Princip der Nüzlichkeit erheben; aber man kann ihm keine Einwendung entgegensezen, die auf Wirklichkeit beruht und zum klaren Gedanken erhoben ist. In der That, wie könnte man es bekämpfen als mit Gründen, diesem Princip selber entnommen? Sagt man, es sei gefährlich, so heißt dies, daß es der Nüzlichkeit zuwider sein könne, die Nüzlichkeit zu Rathe zu ziehn.

Die Verwirrung hinsichtlich dieser Frage haftet an einer Art von Verkehrtheit in der Sprache. Man hat sich gewöhnt, die Tugend im Gegensaz der Nüzlichkeit zu denken. Die Tugend, sagt man, ist die Aufopferung unsrer Interessen für unsre Pflichten. Um sich klar auszudrüken, hätte man sagen müssen, daß es Interessen von verschiedener Größe gebe, und daß manche Interessen in gewissen Umständen unvereinbar mit einander sind. Die Tugend ist die Aufopferung eines schwächeren Interesses für ein stärkeres, eines augenbliklichen für ein dauerhaftes, eines ungewissen für ein gewisses. Jede Vorstellung von Tugend, die nicht aus diesem Begriff fließt, ist eben so dunkel als ihr Motiv unzuverlässig.

Diejenigen, die zur Beilegung des Streites zwischen Politik und Moral beide von einander scheiden, und jener die Nüzlichkeit, dieser die Gerechtigkeit zum Princip geben wollen, zeigen verwirrte Begriffe. Der ganze Unterschied zwischen Moral und Politik besteht darin, daß diese die Handlungen der Regierungen, jene die Handlungen der Individuen leitet; ihr gemeinsames Ziel ist aber das Wohlsein. Was politisch gut ist, kann nicht moralisch schlecht sein, es seien denn die Regeln der Arithmetik, die für die großen Zahlen wahr sind, für die kleinen falsch.

Man kann Böses thun, indem man das Princip der Nüzlichkeit zu befolgen glaubt. Ein schwacher und beschränkter Geist täuscht sich, indem er nur einen kleinen Theil der Güter und Uebel in Betracht zieht. Ein leidenschaftlicher Mensch täuscht sich, indem er einem Gute einen übertriebenen Werth gibt, so daß dasselbe ihm für alle damit verknüpfte Nachtheile das Auge verschließt. Das, was den Bösewicht ausmacht, ist die Gewöhnung an Vergnügen, die Andern schaden; und gerade dies hat die Entbehrung mehrer Arten von Vergnügen zur Folge. Aber man muß dem Princip nicht die Fehler zur Last legen, die ihm widersprechen, und die es allein zu verbessern im Stande ist. Wenn ein Mensch schlecht rechnet, so liegt der Mangel nicht in der Arithmetik, sondern in ihm selbst. Wenn die Vorwürfe, die man dem Machiavell macht, gegründet sind, so kommen seine Irrthümer nicht daher, daß er das Princip der Nüzlichkeit zu Rathe gezogen, sondern daß er falsche Anwendungen davon gemacht hat. Der Verfasser des Anti-Machiavell hat das sehr wohl gefühlt. Er widerlegt den „Fürsten", indem er darthut, daß seine Maximen verderblich sind, und daß die Treubrüchigkeit eine schlechte Politik ist.

Diejenigen, die nach Lesung der Pflichten von Cicero und der platonischen Moralisten vom Nüzlichen, als etwas dem Sittlichen widersprechenden, einen verwirrten Begriff haben, führen häufig das Wort des Aristides über den Vorschlag an, den Themistokles nur ihm hatte mittheilen wollen. „Der Vorschlag des Themistokles ist sehr vortheilhaft, sagte Aristides zum versammelten Volk, aber er ist sehr ungerecht." Man glaubt darin einen entschiedenen Gegensaz zwischen dem Nüzlichen und dem Gerechten zu sehn; man täuscht sich, es ist nur eine Vergleichung von Gütern und Uebeln. Der Ausdruk Ungerecht bezeichnet die Gesammtheit der Uebel, die daraus, daß die Menschen einander nicht mehr trauen können, hervorgehn. Aristides hätte sagen können: der Vorschlag des Themistokles würde nüzlich für einen Augenblik, und schädlich für Jahrhunderte sein: das, was er uns gibt, ist nichts in Vergleich mit dem, was er uns nimmt.

Dies Princip der Nüzlichkeit, wird man sagen, ist nur eine Erneuerung des Epikuräismus; nun kennt man aber die Zerrüttungen zu wohl, die diese Lehre in den Sitten bewirkt hat; sie war immer die der verderbtesten Menschen.

Epikur, das ist wahr, hat allein unter den Alten das Verdienst, die wahre Quelle der Moral gekannt zu haben; die Annahme aber, daß seine Lehre die Folgen, die man ihr vorwirft, herbeiführe, ist der Annahme gleich, daß das Wohlsein ein Feind des Wohlseins selbst sein könne. Sic praesentibus utaris voluptatibus ut futuris non noceas. Seneca stimmt hier mit Epikur überein, und was kann man auch mehr für die Sitten wünschen, als die Versagung jedes Vergnügens, das uns oder andern schadet. Und ist dies nicht grade das Princip der Nüzlichkeit?

Aber, wird man weiter sagen, jeder wirft sich zum Richter des ihm Nüzlichen auf; jede Verpflichtung wird also aufhören, wenn man nicht mehr sein Interesse dabei zu finden glaubt.

Jeder wirft sich zum Richter des ihm Nüzlichen auf: dies ist und muß so sein, sonst wäre der Mensch kein vernünftiges Wesen: wer nicht Richter über das ist, was ihm nüzt, ist weniger als ein Kind, er ist ein Blödsinniger. Die Verpflichtung, welche die Menschen an ihre Versprechen bindet, ist nichts anders, als die Vorstellung eines Interesses höherer Art, das über ein untergeordnetes Interesse siegt. Man bindet die Menschen nicht allein durch die besondre Nüzlichkeit dieses oder jenes Versprechens; sondern in den Fällen, wo das Versprechen einer der Parteien lästig wird, bindet man sie noch durch die allgemeine Nüzlichkeit der Versprechen, durch das Vertrauen, das jeder gebildete Mensch auf sein Wort einzuflößen wünscht, um für einen glaubwürdigen Menschen gehalten zu werden, und sich der an die Rechtschaffenheit und Achtung geknüpften Vortheile zu erfreuen. Es ist nicht das Versprechen, das die Verbindlichkeit durch sich begründet; denn es gibt nichtige, ungesezmäßige Versprechen. Warum? Weil man sie als schädlich betrachtet. Es ist also die Nüzlichkeit, die dem Vertrag seine bindende Kraft gibt.

Man kann leicht auf eine Berechnung von Gütern und Uebeln alle Handlungen der gepriesensten Tugend zurükführen. Das heißt nicht sie erniedrigen, nicht sie schwächen, sie als eine Wirkung der Vernunft vorzustellen, und sie auf eine verständliche und einfache Weise zu erklären.

Sieh, in welchen Zirkel man geräth, wenn man das Princip der Nüzlichkeit nicht anerkennen will. Ich bin verpflichtet, mein Versprechen zu halten. Warum? Weil mein Gewissen es mir gebietet. Wie weißt du aber, daß dein Gewissen es dir gebietet? Eine geheime innere Stimme sagt es mir. Warum bist du schuldig, deinem Gewissen zu folgen? Weil Gott der Urheber meiner Natur ist, und meinem Gewissen gehorchen, Gott gehorchen heißt. Warum bist du schuldig, Gott zu gehorchen? Weil es meine erste Pflicht ist. Woher weißt du das? weil es mir mein Gewissen sagt, u. s. w. Siehe da den ewigen Zirkel, aus dem man nie herauskommt, — die Quelle eines unbeugsamen Starrsinns und unbesiegbarer Irrthümer. Denn wenn man Alles durch das Gefühl beurtheilt, so gibt es kein Mittel, die Eingebungen eines aufgeklärten Gewissens von denen eines blinden zu unterscheiden. Alle Verfolger haben gleichen Titel, alle Fanatiker gleiches Recht.

Willst du das Princip der Nüzlichkeit wegen der Möglichkeit falscher Anwendung verwerfen, was wirst du an seine Stelle sezen? Hast du eine Regel gefunden, wovon sich kein Mißbrauch machen läßt? wo ist dieser untrügliche Compaß?

Willst du irgend ein despotisches Princip an seine Stelle sezen, das den Menschen befiehlt, so oder so zu handeln, ohne zu wissen warum, aus blindem Gehorsam?

Willst du irgend ein anarchisches oder eigensinniges

Princip an seine Stelle sezen, das einzig auf deine besondern innern Gefühle gegründet ist?

In diesem Fall, welche Motive giebst du den Menschen, um sie zu bestimmen, dir zu folgen? werden sie unabhängig von ihrem Intresse sein? Wenn sie nicht mit dir übereinstimmen, welche Gründe wirst du anführen, auf welche Weise dazu gelangen, sie mit dir zu vereinigen? Wohin willst du alle die Secten, alle die Meinungen, alle die Widersprüche, die die Welt erfüllen, vorladen, wenn nicht vor das Tribunal des allgemeinen Interesses?

Die hartnäckigsten Feinde des Princips der Nüzlichkeit sind diejenigen, die sich auf das sogenannte religiöse Princip gründen. Sie erklären, nur den Willen Gottes als Regel des Guten und Bösen anzuerkennen. Es ist die einzige Regel, sagen sie, die alle erforderlichen Eigenschaften hat, sie ist untrüglich, allgemein u. s. w.

Ich antworte, daß das religiöse Princip gar kein Princip von eigenthümlichem Charakter bildet: entweder das eine oder das andre jener Principien, wovon oben die Rede gewesen, zeigt sich unter dieser Form. Was man den Willen Gottes nennt, kann nur sein vermutheter Wille sein, da Gott sich uns nicht durch unmittelbare Handlungen und besondre Offenbarungen eröffnet. Wie vermuthet ein Mensch aber den Willen Gottes? Nach seinem eignen. Nun wird aber sein besondrer Wille immer durch eines der drei oben genannten Principien bestimmt. Woher weißt du, daß Gott dieses oder jenes nicht will? Es würde dem Wohl der Menschen entgegen sein, antwortet der Anhänger der Nüzlichkeit. Es ist ein grobes und sinnliches Vergnügen, das Gott mißbilligt, antwortet der Ascet. Es ist es deshalb, weil es das Gewissen verlezt, weil es dem natürlichen Gefühle entgegen ist, und weil man solches, ohne sich eine Untersuchung zu erlauben, verabscheuen muß, dies ist die Sprache der Antipathie.

Aber die Offenbarung, wird man sagen, ist die unmittelbare Erklärung des Willens Gottes. Sie ist eine Führerin, die aller menschlichen Weisheit vorzuziehen ist.

Ich werde nicht indirect antworten, daß die Offenbarung durchaus nicht allgemein ist, daß sie selbst unter den christlichen Völkern von vielen Individuen nicht angenommen wird, und daß es eines allgemeinen Princips der Urtheile für alle Menschen bedarf; sondern ich bemerke, daß die Offenbarung durchaus kein System der Politik und der Moral ist, daß alle ihre Vorschriften der Erklärung, Modification, Beschränkung der einen durch die andern bedürfen, daß sie, im buchstäblichen Sinne genommen, die Welt umkehren, die Selbstvertheidigung, die Industrie, den Handel vernichten würde, daß die Kirchengeschichte einen unumstößlichen Beweis der schreklichen Uebel liefert, die aus falsch verstandenen religiösen Maximen entstanden sind.

Welche Verschiedenheit zwischen den protestantischen und den katholischen Theologen, zwischen den neuen und den alten! die evangelische Moral von Paley ist nicht die evangelische Moral von Nicole. Die der Jansenisten war nicht die der Jesuiten. Die Ausleger der Schrift theilen sich selbst in drei Classen. Die einen haben das Princip der Nüzlichkeit zur Regel der Critik; die andern folgen dem Ascetismus; die dritten den verwirrten Eindrücken der Sympathie und Antipathie. Die ersten, weit entfernt die Lust auszuschließen, geben sie uns als Beweis der Güte Gottes. Die Asceten sind Todfeinde derselben: wenn sie sie erlauben, so geschieht dies nicht um ihrer selbst willen, sondern in Erwägung eines gewissen nothwendigen Zweckes. Die lezten billigen oder mißbilligen die Lustempfindungen nach ihrer Fantasie, ohne sich durch die Betrachtung ihrer Folgen bestimmen zu lassen. Die Offenbarung ist also kein besondres Princip. Diesen Namen verdient nur ein solches, das keines Beweises bedarf und allem Uebrigen zum Beweise dient.

6. Capitel.

Von den verschiedenen Arten der Lust und der Unlust.

Wir erfahren ohne Unterlaß eine Manchfaltigkeit von Eindrücken, die uns nicht interessiren, die gleichsam über unsre Seele hingleiten, ohne unsre Aufmerksamkeit auf sich zu heften. So erzeugen die meisten Gegenstände, woran wir gewohnt sind, keine Empfindung, die stark genug ist, um uns Lust oder Unlust zu verursachen. Diesen Namen kann man nur den interessanten Empfindungen geben, denjenigen, die sich in der Menge bemerkbar machen, und deren Dauer oder Ende wir begehren. Diese interessanten Empfindungen sind einfach oder zusammengesezt: einfach, wenn man sie nicht in mehre auflösen kann; zusammengesezt, wenn sie aus mehren einfachen Lustempfindungen oder aus mehren einfachen Unlust-Empfindungen, oder selbst aus Lust- und Unlustempfindungen zugleich gebildet sind. Das, was uns bestimmt, mehre Lustempfindungen als eine zusammengesezte Lustempfindung, und nicht als mehre einfache Lustempfindungen zu betrachten, ist die Natur der Sache, welche sie erregt. Alle Lustempfindungen, welche durch die Wirkung einer und derselben Ursache hervorgebracht werden, betrachten wir als eine einzige Empfindung. So begründet ein Schauspiel, das zu gleicher Zeit mehren unsrer Sinne durch die Schönheit der Decorationen, die Musik, die Gesellschaft, das Spiel der Schauspieler schmeichelt, eine zusammengesezte Lust.

Es hat einer großen analytischen Arbeit bedurft, um ein vollständiges Verzeichniß der einfachen Lust- und Unlustempfindungen zu entwerfen. Dieses Verzeichniß ist von einer Trockenheit, die viele Leser abschrecken wird; denn es ist nicht das Werk einer Fantasie, die zu gefallen und zu bewegen sucht, es ist die Rechnungsablage von unsern Empfindungen, es ist ihr Inventar.

---

1. Abschnitt.

Einfache Lustempfindungen.

1) Lustempfindungen der Sinne: die unmittelbar auf unsre Sinnesorgane, unabhängig von jeder begleitenden Vorstellung, sich beziehenden Lustempfindungen des Geschmaks, des Geruchs, des Gefühls, des Gehörs, des Tastsinnes; ferner das Gefühl der Gesundheit, dieser glüklichen Entwicklung der Lebensgeister, diese Empfindung eines leichten und ungehinderten Daseins, die sich nicht auf einen einzelnen Sinn bezieht, sondern auf alle Lebensthätigkeiten; endlich die Lustempfindungen der Neuheit, die wir erfahren, wenn neue Objecte unsre Sinne anregen: sie bilden keine besondre Classe, allein sie spielen eine so große Rolle, daß ihrer ausdrüklich Erwähnung geschehen muß.

2) Lustempfindungen des Reichthums: man versteht darunter jene Lustempfindungen, welche aus dem Besiz einer Sache, die ein Werkzeug des Genusses oder

der Sicherheit ist, entsteht, Lustempfindungen, die besonders lebhaft im Moment des Erwerbes sind.

3) Lustempfindungen der Geschiklichkeit: das sind solche, die aus einer überwundenen Schwierigkeit hervorgehn, aus irgend einem Grad von Vollkommenheit in der Handhabung und Anwendung der Instrumente, die uns Vergnügen oder Nuzen gewähren. So erfährt derjenige, der das Clavier spielt, ein von demjenigen ganz verschiedenes Vergnügen, das er durch Anhören desselben von einem Andern ausgeführten musikalischen Stüks haben würde.

4) Lustempfindungen der Freundschaft: das heißt solche, welche die Ueberzeugung begleitet, das Wohlwollen dieses oder jenes Individuums zu besizen, und folglich freiwillige und uneigennüzige Dienste von ihnen erwarten zu können.

5) Lustempfindungen eines guten Rufes: das heißt solche, welche die Ueberzeugung begleiten, die Achtung und das Wohlwollen der uns umgebenden Welt oder aller Personen zu erwerben oder zu besizen, mit denen wir in Verhältnisse treten können; so wie die Ueberzeugung, von ihnen im Fall der Noth als Frucht jener Gesinnung gegen uns freiwillige und uneigennüzige Dienste erwarten zu können.

6) Lustempfindungen der Macht: die derjenige erfährt, der sich im Besiz der Mittel fühlt, die Andern durch die Hoffnung eines Gutes oder durch die Furcht eines Uebels, das er ihnen zufügen könnte, zu seinem Dienste zu bestimmen.

7) Lustempfindungen der Frömmigkeit: solche, welche die Ueberzeugung begleiten, die Gunst Gottes zu erwerben oder zu besizen, und dem zu Folge von ihm

eine besondre Gnade in diesem oder jenem Leben erwarten zu können.

8) Lustempfindungen des Wohlwollens: solche, die aus der Betrachtung des Glüks geliebter Personen hervorgehn. Man kann sie auch Lustempfindungen der Sympathie oder der geselligen Neigungen nennen. Ihre Kraft dehnt sich mehr oder weniger aus: sie können sich in einem engen Kreise concentriren, oder sich über die ganze Menschheit ausdehnen. Das Wohlwollen kann sich auch auf die Thiere beziehn, wovon wir gewisse Arten oder Einzelne derselben lieben: die Zeichen ihres Wohlseins regen uns auf eine angenehme Weise an.

9) Lustempfindungen des Uebelwollens: diese gehn aus dem Anblik oder der Vorstellung von Unlustempfindungen der Wesen hervor, die wir nicht lieben, seien es Menschen oder Thiere. Man kann sie auch Lustempfindungen der feindlichen Leidenschaften, der Antipathie, oder der gesellschaftwidrigen Neigungen nennen.

10) Wenn wir die Fähigkeiten unseres Geistes auf den Erwerb neuer Ideen hin richten, und wenn wir interessante Wahrheiten im Gebiete der Moral oder der Physik entdecken oder zu entdecken glauben; so kann die Lustempfindung, die daraus hervorgeht, die intellectuelle genannt werden. Die Entzückung des Archimedes nach der Lösung eines schwierigen Problems wird von allen denen leicht begriffen, die sich abstracten Studien hingegeben haben.

11) Wenn wir diese oder jene Lustempfindung gehabt, oder selbst in gewissen Fällen, wenn wir diese oder jene Unlust erlitten haben; so ist es angenehm, sie genau nach ihrer Ordnung und mit denselben Umständen uns wieder zu vergegenwärtigen. Dies sind die Lustempfindungen der Erinnerung. Sie sind eben so ver-

schieden, als die Erinnerungen, die ihren Gegenstand bilden.

12) Manchmal aber erneuert uns die Erinnerung die Vorstellung gewisser Lustempfindungen, die wir, wie es uns gefällt, in eine veränderte Ordnung stellen, und mit den angenehmsten Umständen in unserm Leben oder in dem Leben Andrer in Verbindung bringen. Dies sind die *Lustempfindungen der Einbildungskraft*. Der Maler, der die Natur copirt, stellt die Verrichtungen des Gedächtnisses dar; derjenige, der hier und da Gruppen aufgreift und sie nach Willkühr zusammenstellt, die der Einbildungskraft. Die neuen Ideen in den Künsten, in den Wissenschaften, die für die Wißbegierde interessanten Entdeckungen, sind Lustempfindungen der Einbildungskraft, die das Gebiet ihrer Genüsse erweitert sieht.

13) Die Vorstellung einer künftigen Lust, die der Glaube, daß wir sie genießen werden, begleitet, bildet die *Lustempfindungen der Hoffnung*.

14) *Lustempfindungen der Ideenassociation*: dieses oder jenes Object kann keine Lustempfindung an sich erregen; wenn es sich aber in unserm Geiste mit einem andern uns angenehmen Object verbindet oder vergesellschaftet, so nimmt es an dessen Annehmlichkeit Theil. So gründet sich das Vergnügen am Wechsel im Glükspiel, wenn man um nichts spielt, auf der Association mit der Lust des Gewinnes.

15) Endlich gibt es Lustempfindungen, die sich auf Unlust gründen. Wenn man gelitten hat, so ist das Aufhören oder die Vermindrung des Schmerzes eine Lust, und oft eine sehr lebhafte. Man kann sie *Lustempfindungen der verminderten Unlust oder der Befreiung von Unlust* nennen. Sie können eben so manigfaltig sein, wie die Unlustempfindungen.

Dies sind die Grundbestandtheile aller unsrer Genüsse. Sie vereinigen sich, sie sezen sich zusammen und modificiren sich auf tausenderlei Weise, so daß es Uebung und Aufmerksamkeit erfordert, in einer zusammengesezten Lust alle die einfachen, die ihre Elemente sind, zu scheiden.

Das Vergnügen, das uns der Anblik einer Landschaft erregt, ist aus verschiedenen Lustempfindungen der Sinne, der Einbildungskraft und des Wohlwollens zusammengesezt. Die Mannigfaltigkeit der Gegenstände, die Blumen, die Farben, die schönen Formen der Bäume, die Mischung von Schatten und Licht erfreuen das Auge; dem Ohr wird geschmeichelt vom Gesang der Vögel, dem Murmeln der Bäche, dem Gesäusel, das der Wind in den Blättern erregt; die mit den Düften einer frischen Pflanzenwelt gefüllten Lüfte bringen dem Geruchsinn angenehme Empfindungen, während ihre Reinheit und Leichtigkeit den Umlauf des Blutes beschleunigt und die Bewegung erleichtert. Die Einbildungskraft, das Wohlwollen verschönern die Scene noch, indem sie die Vorstellungen von Reichthum, Ueberfluß und Fruchtbarkeit wecken. Die Unschuld und das Glük der Vögel, der Heerden, der Hausthiere contrastiren angenehm mit den Beschwerden und stürmischen Bewegungen unsres Lebens. Wir leihen den Landbewohnern dasselbe Vergnügen, das wir selbst durch die Neuheit dieser Gegenstände empfinden. Endlich, die Dankbarkeit gegen das höchste Wesen, das wir als den Urheber dieser Wohlthaten betrachten, vermehrt unser Vertrauen und unsre Bewunderung.

2. Abschnitt.

Einfache Unlustempfindungen.

1). Unlustempfindungen der Entbehrung: sie entsprechen allen Arten der Lustempfindungen, deren

Abwesenheit ein unangenehmes Gefühl erregt. Es gibt davon drei Hauptmodificationen: 1) Wenn man eine gewisse Lust wünscht, die Furcht aber, ihrer nicht theilhaft zu werden, größer ist als die Hoffnung sie zu erreichen, so nennt man die daraus hervorgehende Unlust die des Begehrens oder des unbefriedigten Begehrens. 2) Wenn man stark gehofft hat, eine Lust zu genießen, und auf einmal die Hoffnung zerstört wird, so nennt man dies eine Unlust der getäuschten Erwartung. 3) Wenn man ein Gut genossen, oder was auf dasselbe herauskommt, wenn man fest auf seinen Besiz gerechnet hat, und dasselbe verliert, so nennt man das daraus hervorgehende Gefühl Schmerz des Verlustes oder Betrübniß. Was jene mit dem Namen der Langeweile bezeichnete Niedergeschlagenheit der Seele betrifft, so ist diese eine Unlust der Entbehrung, die sich nicht auf dieses oder jenes Object bezieht, sondern auf die Abwesenheit jeder angenehmen Empfindung.

2) Unlustempfindungen der Sinne. Es gibt neun Arten: die des Hungers und des Durstes; die des Geschmackes, des Geruches, des Tastsinnes; die des Gehörs und des Gesichtes; das Uebermaß der Kälte und Wärme (wofern man diese Unlust nicht auf den Tastsinn bezieht;) die Krankheiten jeder Art; endlich Müdigkeit sowohl des Geistes als des Körpers.

3) Unlustempfindungen der Ungeschicklichkeit. Man erfährt sie bei fruchtlosen Versuchen oder bei beschwerlichen Anstrengungen, die Werkzeuge oder Instrumente des Vergnügens oder des Bedürfnisses zu ihren verschiedenen Zwecken anzuwenden.

4) Unlustempfindungen der Feindschaft: diese empfindet man, wenn man sich für den Gegenstand des Uebelwollens Anderer hält, und von ihrem Hasse auf irgend eine Weise zu leiden fürchtet.

5) Unlustempfindungen des schlechten Rufes. Sie finden statt, wenn ein Mensch sich von der ihn umgebenden Welt gehaßt oder vernichtet glaubt, oder es in Zukunft zu werden fürchtet. Man kann sie auch Unlustempfindungen der Schande, Unlustempfindungen der moralischen Sanction oder der öffentlichen Meinung nennen.

6) Unlustempfindungen der Frömmigkeit. Sie entspringen aus der Furcht, das höchste Wesen beleidigt zu haben, und von seinen Strafen in diesem oder jenem Leben getroffen zu werden. Sieht man sie als wohl begründet an, so nennt man sie religiöse, im entgegengesezten Falle abergläubische.

7) Unlustempfindungen des Wohlwollens. Diese empfinden wir beim Anblik oder bei der Vorstellung der Leiden unserer Mitmenschen oder der Thiere. Die Bewegungen des Mitleids lassen unsre Thränen für die Leiden eines Andern fließen, wie für die unsrigen. Man kann sie auch Unlustempfindungen der Sympathie, Unlustempfindungen der geselligen Neigungen nennen.

8) Unlustempfindungen des Uebelwollens. Sie bestehn in dem Schmerz, den man empfindet, wenn man an das Glük derer denkt, die man haßt. Man kann sie auch Unlust-Empfindungen der Antipathie, Unlustempfindungen der gesellschaftwidrigen Neigungen nennen.

9) 10) 11) Unlustempfindungen der Erinnerung, der Einbildungskraft, der Furcht: sie sind genau die Umkehrung und das Gegentheil der Lustempfindungen dieses Namens.

Wenn dieselbe Ursache mehrere dieser einfachen Unlustempfindungen hervorbringt, so betrachtet man dieselben als eine einzige zusammengesezte Unlust. So sind die Verbannung, die Gefangenschaft, die Confiscation zusammengesezte Unlustempfindungen, die man nach dem obigen Verzeichniß der einfachen Unlustempfindungen auflösen kann.

Ist auch die Arbeit, Verzeichnisse dieser Art anzufertigen, trocken, so ist sie doch zum Ersaz dafür von großer Nüzlichkeit. Das ganze System der Moral, das ganze System der Gesezgebung ruht auf dieser einzigen Basis: der Kenntniß der Lust- und Unlustempfindungen. Alles klare Denken gründet sich darauf. Spricht man von Lastern und Tugenden, von unschuldigen oder verbrecherischen Handlungen, von einem System der Belohnungen oder der Strafen, wovon handelt es sich? von Lust- und Unlustempfindungen, und nichts anderem. Eine Erörterung in der Moral oder in der Gesezgebung, die sich nicht in diese einfachen Begriffe übersezen läßt, ist eine dunkele und sophistische, aus welchen man nichts folgern kann.

Es sei zum Beispiel die Lehre von den Verbrechen, dieser große Gegenstand, der die ganze Gesezgebung beherrscht, die Aufgabe unserer Untersuchung. Diese Untersuchung wird im Grunde nur eine Vergleichung, eine Berechnung von Lust- und Unlustempfindungen sein. Wir werden das Verbrechen oder das Uebel gewisser Handlungen zu betrachten haben d. h. die Unlustempfindungen, die daraus für diese oder jene Individuen hervorgehen; des Verbrechers d. h. die Triebfeder den Reiz der Lust, die ihn zum Verbrechen hingerissen hat; den Gewinn des Verbrechens d. h. die Erwerbung irgend einer Lust, welche die Folge davon gewesen; die ihm aufzuerlegende gesezliche Strafe d. h. eine Unlust, der man den Schuldigen unterwerfen muß. Diese Theorie der Lust- und Unlustempfindungen ist also die Grundlage der ganzen Wissenschaft.

7. Capitel.

Von den Lust- und Unlustempfindungen als Sanctionen betrachtet.

Man kann auf den Willen nur durch Motive wirken, und Motiv bedeutet nichts anderes als Lust oder Unlust. Ein Wesen, dem wir weder Schmerz noch Vergnügen verursachen könnten, würde sich in einer vollkommenen Unabhängigkeit von uns befinden.

Die Unlust oder die Lust, die man an die Beobachtung eines Gesezes knüpft, bildet dasjenige, was man die Sanction dieses Gesezes nennt. Die Geseze eines Staates sind nicht Geseze in einem andern, weil sie in diesem keine Sanction, keine verbindende Kraft haben.

Man kann die Güter und Uebel in vier Classen bringen:

1) Physische.
2) Moralische.
3) Politische.
4) Religiöse.

Hiernach kann man vier Sanctionen unterscheiden, indem man diese Güter und diese Uebel als Belohnungen oder Strafen an gewisse Handlungen geknüpft betrachtet.

1) Die Lust- und Unlustempfindungen, die man im gewöhnlichen Laufe der Natur, wie diese durch sich selbst ohne Einschreiten der Menschen wirkt, erfahren oder erwarten kann, bilden die physische oder natürliche Sanction.

2) Die Lust- und Unlustempfindungen, die man von Seiten der Menschen vermöge ihrer Freundschaft oder ihres Hasses, ihrer Achtung oder Verachtung, kurz, ihrer freiwilligen Gesinnung gegen uns, erfahren oder erwarten kann, bilden die moralische Sanction. Man kann sie auch die Volkssanction, die Sanction der öf-

fentlichen Meinung, der Ehre, oder der Lust= und Unlustempfindungen der Sympathie nennen.

3) Die Lust= und Unlustempfindungen, die man von Seiten der Obrigkeit vermöge der Geseze erfahren oder erwarten kann, bilden die politische Sanction, die man auch die gesezliche nennen kann.

4) Die Lust= und Unlustempfindungen, die man vermöge der Drohungen oder Verheißungen der Religion erfahren oder erwarten kann, bilden die religiöse Sanction.

Es ist Jemanden sein Haus durch Feuer zerstört worden. Ist dies eine Wirkung seiner Unvorsichtigkeit, so ist es eine aus der natürlichen Sanction stammende Unlust. Ist es in Folge eines Richterspruchs geschehn, so ist es eine Unlust der politischen Sanction. Ist das Uebelwollen seiner Nachbarn die Ursache, so ist es eine Unlust der moralischen Sanction. Nimmt man an, daß es ein unmittelbarer Act der beleidigten Gottheit ist; so würde es eine Unlust der religiösen Sanction, oder vulgär gesprochen, ein Gericht Gottes sein.

Man sieht aus diesem Beispiel, daß dieselben Unlustempfindungen allen Sanctionen angehören können. Die Verschiedenheit liegt nur in den Umständen, die sie hervorbringen.

Diese Classification wird im Laufe dieses Werks von großem Nuzen sein; sie gewährt uns eine leichte und gleichförmige Kunstsprache, die durchaus nothwendig ist, um die verschiedenen Arten der moralischen Gewalten, der intellectuellen Hebel, die die Mechanik des menschlichen Herzens ausmachen, durch besondre Bezeichnungen zu trennen und zu charakterisiren.

Diese vier Sanctionen wirken weder gleichartig, noch gleich stark auf alle Menschen; sie sind bald Nebenbuhler, bald

Verbündete, bald Feinde. Sind sie einig, so wirken sie mit unwiderstehlicher Kraft; sind sie im Widerstreit, so müssen sie sich gegenseitig schwächen; kämpfen sie um den Vorrang, so müssen sie Unsicherheit und Widersprüche in der Handlungsweise der Menschen hervorbringen.

Man kann sich vier Gesezbücher vorstellen, diesen vier Sanctionen entsprechend. Alles würde auf dem höchsten Punkt möglicher Vollkommenheit stehn, wenn diese vier Gesezbücher nur ein einziges bildeten. Allein dies Ziel ist uns noch weit entfernt, obgleich es nicht unmöglich ist, es zu erreichen. Indeß muß der Gesezgeber stets daran denken, daß er unmittelbar nur über die politische Sanction zu gebieten hat. Die drei andern Gewalten werden nothwendig seine Rivale oder seine Verbündeten, seine Gegner oder seine Diener sein. Wenn er sie in seinen Berechnungen übersieht, so wird er sich in seinen Resultaten getäuscht finden; wenn er sie aber zu seinen Absichten mitwirken läßt, so wird er eine unermeßliche Gewalt haben. Er kann sie nur unter der Fahne der Nüzlichkeit zu vereinigen hoffen.

Die natürliche Sanction ist die einzige, die immerfort wirkt und durch sich selbst, die einzige, deren wesentliche Charaktere sich nie verändern; sie ist es, die alle andere unvermerkt auf sich zurükführt, ihre Abirrungen berichtigt, und alles das hervorbringt, was in den Gefühlen und Urtheilen der Menschen gleichförmig ist.

Die moralische und die religiöse Sanction sind beweglicher, wandelbarer, abhängiger von den Launen des menschlichen Geistes. Die Gewalt der moralischen Sanction ist sich gleicher, sie ist andaurender und beständiger mit dem Princip der Nüzlichkeit in Uebereinstimmung. Die Gewalt der religiösen Sanction ist sich dagegen ungleicher, veränderlicher nach den Zeiten und Individuen, gefährlichen Verirrungen mehr unterworfen: Ruhe schwächt, Widerstand verstärket sie.

Die politische Sanction ist in gewissem Betracht beiden überlegen: sie wirkt mit einer gleichmäßigeren Kraft auf alle Menschen, sie ist klarer und bestimmter in ihren Vorschriften, sie ist sicherer und exemplarischer in ihrer Wirsamkeit, endlich ist sie fähiger, vervollkommnet zu werden. Jeder Fortschritt, den sie macht, hat einen unmittelbaren Einfluß auf das Fortschreiten der beiden andern, allein sie umfaßt nur Handlungen einer gewissen Art, sie hat zu wenig Gewalt über das Privatleben der Individuen; sie kann nur wirsam werden auf Beweise, die zu erlangen oft unmöglich ist, und man entzieht sich ihr durch Heimlichkeit, Gewalt oder List. Aus der Untersuchung dieser verschieden Sanctionen hinsichtlich dessen, was sie wirken und was sie nicht wirken können, ergibt sich also die Nothwendigkeit, keine zu verwerfen, sondern alle zu benuzen, indem man sie zu demselben Ziele hinlenkt.

Sie sind Magnete, deren Kraft man vernichtet, indem man sie mit ihren feindlichen Polen gegen einander richtet; deren Kraft man aber verzehnfacht, wenn man sie mit den freundlichen Polen vereinigt.

Man kann beiläufig bemerken, daß die Systeme, die die Menschen am wenigsten getheilt haben, nur auf einen ausschließlichen Vorzug der einen oder andern dieser Sanctionen gegründet worden sind. Jede hat ihre Anhänger gehabt, die sie über die andern erheben gewollt; jede ihre Feinde, die sie zu erniedrigen, ihre schwachen Seiten zu zeigen, ihre Irrthümer aufzudecken, und die sie begleitenden Uebel zu entwickeln gesucht haben, ohne von ihren guten Wirkungen Meldung zu thun. Dies ist die wahre Theorie jener Paradoxen, worin man abwechselnd die Natur gegen die Gesellschaft, die Politik gegen die Religion, die Religion gegen die Politik und die Regierung und so fort erhebt.

Jede dieser Sanctionen ist dem Irrthum unterworfen d. h. irgend einer dem Princip der Nüzlichkeit widerstrebenden Anwendung; durch die so eben entwickelte Kunstsprache läßt sich aber der Siz des Uebels leicht durch ein einziges Wort angeben. So zum Beispiel die Schande, die nach der Hinrichtung eines Schuldigen auf seine unschuldige Familie übergeht, ist ein Irrthum der moralischen Sanction. Das Vergehn des Wuchers d. h. der Interessen über die gesezlichen Intressen ist ein Irrthum der politischen Sanction. Die Kezerei und die Magie sind Irrthümer der religiösen Santion. Gewisse Sympathien und Antipathien sind Irrthümer der natürlichen. Der erste Keim der Krankheit ist in einer dieser Santionen, aus welcher sie sich gewöhnlich in die andern verbreitet. Es ist in allen Fällen wichtig, den Ursprung des Uebels erforscht zu haben, bevor man das Heilmittel sucht und anwendet. *)

*) Einige werden sich wundern, daß da, wo von den Sanctionen der Moral die Rede ist, das Gewissen nicht genannt wird. Ein genügender Grund, diesen Ausdruck nicht zu gebrauchen, ist seine Unbestimmtheit und Unklarheit. Im gewöhnlichsten Sinne bezeichnet er entweder die Vereinigung der vier Sanctionen, oder das Vorherrschen der religiösen; allein die Anwendung eines und desselben Ausdruks für vier Arten sehr verschiedener und oft entgegengesezten moralischen Gewalten führt zu unendlichen Streitigkeiten. In der practischen und sentimentalen Moral personificirt man gewöhnlich das Gewissen: es besiehlt, es verbietet, es belohnt, es straft, es erwacht, es wird unterdrükt u. s. w. In der philosophischen Sprache sind diese figürlichen Ausdrücke zu verwerfen, und die eigentlichen Ausdrücke an ihre Stelle zu sezen, das heißt, die Lust= und Unlustempfindungen aus dieser oder jener Sanction.

8. Capitel.

Von der Schäzung der Lust- und Unlustempfindungen.

Lust zu verbreiten, Unlust zu entfernen, das ist das einzige Ziel des Gesezgebers: er bedarf also einer genauen Kenntniß ihrer Größe. Lust- und Unlustempfindungen sind die einzigen Werkzeuge, die er anzuwenden hat: er muß also ihre Stärke genau erforscht haben.

Untersucht man die Größe einer Lustempfindung, an sich betrachtet und in Beziehung auf ein Einzelwesen, so wird man sie von vier Umständen abhängig finden:

1) von ihrer Stärke.
2) von ihrer Dauer.
3) von ihrer Gewißheit.
4) von ihrer Nähe.

Die Größe einer Unlustempfindung ist von denselben Umständen abhängig.

Aber zur Bestimmung der Größe der Lust- und Unlustempfindungen genügt es nicht, sie blos an sich, ohne Rücksicht auf die Beziehungen, worin sie zu einander stehen, zu betrachten. Die Lust- und Unlustempfindungen können Wirkungen haben, die selbst wieder Lust- und Unlustempfindungen sind. Wenn man also die Tendenz einer Handlung, woraus eine unmittelbare Lust oder Unlust hervorgeht, berechnen will, so kommen bei der Schäzung noch zwei neue Umstände in Betracht:

5) Ihre Fruchtbarkeit.
6) Ihre Reinheit.

Eine fruchtbare Lustempfindung ist jene, die wahrscheinlich Lustempfindungen gleicher Art, eine fruchtbare Unlustempfindung jene, die Unlustempfindungen gleicher Art zur Wirkung hat. Rein ist die Lustempfindung, die wahrscheinlich keine Unlust, und rein ist die Unlustempfindung, die wahrscheinlich keine Lust hervorbringen wird.

Soll die Schäzung in Beziehung auf eine Gesammtheit von Individuen gemacht werden, so muß man noch einen andern Umstand hinzufügen:

7) Die Ausbreitung, das heißt, die Zahl der Personen, die durch diese Lust oder Unlust afficirt werden müssen.

Alle diese so eben bezeichneten Umstände müssen bei der Schäzung eines Werths einer Handlung in Betracht gezogen werden. Sie sind die Elemente der moralischen Berechnung, und die Gesezgebung wird ein arithmetisches Geschäft. Das Uebel, das man auferlegt, ist die Ausgabe; das Gute, das man ins Dasein ruft, die Einnahme. Die Regeln dieser Berechnung sind dieselben, wie überall.

Dieser Weg ist zwar langsam, aber sicher; während das so genannte Gefühl schnell entscheidet, aber dem Irrthum unterworfen ist. Uebrigens braucht man nicht bei jedem Fall die Berechnung von vorn anzufangen; hat man sich mit diesem Verfahren vertraut gemacht, und hat man den richtigen Geistesblick, den man dadurch gewinnt; so vergleicht man die Summe des Guten und des Uebeln mit solcher Schnelligkeit, daß man sich nicht aller Ringe der Gedankenkette bewußt wird. Man rechnet, ohne es zu wissen. Jene analytische Methode wird wieder nothwendig, wenn sich ein neues oder verwickeltes Verhältniß darbietet, wenn es sich um Aufklärung eines bestrittenen Punktes handelt, oder wenn es darauf ankommt, Wahrheiten denjenigen zu lehren oder zu beweisen, die sie noch nicht kennen.

Diese Theorie der moralischen Berechnung ist noch niemals klar auseinander gesezt worden; doch ist man ihr immer in der Praxis gefolgt, wenigstens in allen

Fällen, wo die Menschen klare Ideen von ihrem Interesse gehabt haben. Was macht zum Beispiel den Werth eines Grundstüks aus? Ist es nicht die Summe der Lust, die man daraus ziehen kann? Aendert sich dieser Werth nicht nach der mehr oder weniger langen Dauer, worin man jener Summe von Lust sicher sein kann, nach der Nähe oder Ferne der Zeit, wo man zum Genusse gelangen soll, nach der Gewißheit oder Ungewißheit des Besizes?

Die Irrthümer im moralischen Verhalten der Menschen oder in der Gesezgebung beziehen sich immer auf den einen oder andern jener Umstände, die verkannt, vergessen oder in der Berechnung der Güter und der Uebel falsch geschäzt worden sind.

---

9. Capitel.

Von den Umständen, die auf die Sensibilität Einfluß haben.

Jede Ursache von Lust gibt nicht Jedem dieselbe Lust, sowie jede Ursache von Schmerz Jedem nicht denselben Schmerz gibt. Hierin besteht die Verschiedenheit der Sensibilität. Diese Verschiedenheit findet entweder in dem Grade oder in der Art statt: in dem Grade, wenn die Wirkung derselben Ursache auf mehrere Individuen gleichartig ist, aber nicht gleich stark; in der Art, wenn dieselbe Ursache in mehreren Individuen entgegengesezte Empfindungen erzeugt.

Diese Verschiedenheit der Sensibilität hängt von gewissen Umständen ab, die auf den physischen oder moralischen Zustand der Individuen wirken, und deren Veränderung eine entsprechende Veränderung in der Empfindungsweise derselben zur Folge haben würde. Dies ist eine Wahrheit der Erfahrung. Die Dinge regen uns nicht auf dieselbe Weise an in der Krankheit und in der Gesundheit, in der Dürftigkeit und im Ueberfluß, im Alter und in der Jugend. Aber eine so allgemeine Ansicht ist nicht genügend; man muß weiter gehn in der Analyse des menschlichen Herzens. Lyonet schrieb einen Band in Quarto über die Anatomie einer Raupe; die Moral hat noch keinen so geduldigen und philosophischen Forscher gehabt. Mir fehlt der Muth, ihm nachzustreben. Ich glaube genug zu thun, wenn ich einen neuen Gesichtpunkt eröffne, und denen, welche diesen Gegenstand weiter verfolgen wollen, eine sichrere Methode gebe.

1. Die Basis von Allem ist das Temperament oder die ursprüngliche Constitution: ich verstehe darunter jene ursprüngliche Grundeigenthümlichkeit, die man auf die Welt mitbringt, und die von der physischen Organisation und der Natur des Geistes abhängt. *)

Aber obgleich diese ursprüngliche Constitution die Grundlage von allem übrigen ausmacht, ist diese Grundlage doch

---

*) Obgleich viele Philosophen nur eine Substanz annehmen, und diese Eintheilung als rein nominal betrachten; werden sie uns doch wenigstens zugeben, daß, wenn der Geist ein Theil des Körpers ist, sich seine Natur von jener der andren Theile des Körpers sehr unterscheidet. Die bedeutenden Veränderungen des Körpers machen einen Eindruk auf die Sinne, die größten Veränderungen des Geistes thun es nicht. Von einer Aehnlichkeit der Organisation läßt sich durchaus nicht auf eine Aehnlichkeit des Geistes schließen. Die Bewegungen des Körpers werden allerdings als wahrscheinliche Anzeigen von dem, was in der Seele vorgeht, betrachtet, aber dieser Schluß würde oft sehr trügerisch sein. Wie viele Menschen können alle Aeußerlichkeiten der Empfindung zeigen, ohne irgend etwas zu empfinden. Cromwell, dieser dem Mitleid unzugängliche Mensch, vergoß nach seiner Willkühr Ströme von Thränen

so verborgen, daß es sehr schwer ist, bis zu ihr vorzudringen, und dasjenige, was dieser Ursache in der Sensibilität angehört, von dem zu unterscheiden, was aus den übrigen entspringt.

Ueberlassen wir den Physiologen, diese Temperamente zu unterscheiden, ihre Mischungen zu verfolgen, und ihre Wirkungen darzustellen. Das sind bis jezt zu wenig bekannte Länder, als daß der Moralist und der Gesezgeber es wagen dürften, daselbst sich niederzulassen.

2. Die Gesundheit. Man kann sie nur negativ definiren: sie ist die Abwesenheit aller Empfindungen von Schmerz und Uebelfinden, deren ersten Siz man auf irgend einen Theil des Körpers beziehn kann. In Betreff der Sensibilität im Allgemeinen ist zu bemerken, daß der Kranke weniger empfänglich ist für die Einwirkung der Ursachen von Lustempfindungen, und es mehr ist für die Einwirkungen der Ursachen von Unlustempfindungen, als im Zustande der Gesundheit.

3. Die Kraft. Obgleich mit der Gesundheit verbunden, ist die Kraft doch ein besondrer Umstand, weil ein Mensch im Verhältniß zur gewöhnlichen Körperkraft der Gattung schwach sein kann, ohne krank zu sein. Ihr Grad läßt sich mit ziemlicher Genauigkeit nach den Gewichten, die man aufheben kann, messen, oder nach andern Proben. Die Schwäche ist bald ein negativer Begriff, die Abwesenheit von Kraft bezeichnend; bald ein relativer, welcher ausdrükt, daß dieser Mensch weniger stark ist als jener, womit man ihn vergleicht.

4. Die körperlichen Unvollkommenheiten. Darunter ist irgend eine bedeutende Mißgestalt, oder der Mangel eines Gliedes oder einer Fähigkeit zu verstehn, deren sich die wohl organisirten Individuen gemeiniglich erfreuen. Ihre besondern Wirkungen auf die Sensibilität

hangen von der Art der Unvollkommenheit ab; ihre gemeinsame Wirkung besteht aber darin, die angenehmen Eindrücke mehr oder weniger zu schwächen, und die unangenehmen zu verstärken.

5. Der Grad der Geistesaufklärung. Man versteht darunter die Kenntnisse oder die Ideen, die ein Mensch besizt, das heißt die interessanten Kenntnisse und Ideen, diejenigen die auf sein Glük und jenes der Andern Einfluß auszuüben geeignet sind. Aufgeklärt ist derjenige, der viele dieser wichtigen Ideen besizt; unwissend, der wenige dieser Ideen besizt und Ideen von geringer Wichtigkeit.

6. Die Kraft der intellectuellen Fähigkeiten. Der Grad der Leichtigkeit, erworbene Ideen in sich wieder hervorzurufen und neue zu erwerben, bildet die Kraft der Intelligenz. Hierauf gründen sich verschiedene Eigenschaften des Geistes, wie die Genauigkeit des Gedächtnisses, die Klarheit der Unterscheidungskraft, die Lebhaftigkeit der Imagination u. s. w.

7. Die Stärke der Seele. Diese Eigenschaft hat ein Mensch, der weniger durch unmittelbar nahe Lust- und Unlustempfindungen bestimmt wird, als durch größre entfernte und ungewisse. Als Turenne, durch die Bitten einer Frau verführt, ihr ein Staatsgeheimniß verrieth, ermangelte er der Seelenstärke. Die jungen Spartaner, die sich am Altar der Diana mit Ruthen zerfleischen ließen, ohne ein Geschrei auszustoßen, bewiesen, daß die Furcht vor Schande und die Hoffnung auf Ruhm mehr Gewalt über sie ausübten, als der schärfste gegenwärtige Schmerz.

8. Die Beharrlichkeit. Dieser Umstand bezieht sich auf die Zeit, während welcher ein bestimmtes Motiv auf den Willen mit gleichmäßiger Kraft wirket. Man sagt, daß ein Mensch der Beharrlichkeit ermangle, wenn

das Motiv seines Handelns alle Kraft verliert, ohne daß man diese Veränderung irgend einem äußern Ereigniß oder einer andern Ursache, die es hätte schwächen müssen, zuschreiben könnte, oder wenn er sich bald von diesem bald von jenem Motiv leiten läßt. So treiben die Kinder leidenschaftlich ihre Spiele und werden ihrer bald wieder überdrüssig.

9. Richtung der Neigungen. Die Vorstellungen, die wir uns zum voraus von einer Lust oder Unlust gebildet haben, üben beim Eintreten derselben auf die Art, wie wir sie empfinden, einen großen Einfluß aus. Der Erfolg entspricht nicht immer der Erwartung, aber doch gewöhnlich. Der Preis des Besizes einer Frau ist nicht nach ihrer Schönheit, sondern nach der Leidenschaft ihres Liebhabers zu schäzen. Kennt man die Neigungen eines Menschen, so kann man mit ziemlicher Gewißheit die Lust- und Unlustempfindungen berechnen, die ein bestimmtes Ereigniß in ihm erregen wird. *)

10. Die Begriffe von Ehre. Man nennt Ehre die Empfänglichkeit für die Lust und die Unlust, die aus der Meinung andrer Menschen von uns entspringt d. h. aus ihrer Achtung oder Verachtung. Die Begriffe von Ehre sind sehr verschieden bei verschiedenen Völkern und Individuen. Man muß demnach die Kraft dieses Motivs und seine Richtung unterscheiden.

11. Die Begriffe von Religion. Es ist bekannt, bis zu welchem Grade das ganze System der Sensibilität nach den religiösen Ideen umgewandelt werden kann. Ihre stärksten Wirkungen hat eine Religion zur Zeit ihrer Entstehung. Sanfte Völker wurden blut-

*) Die vier folgenden Umstände sind nur Unterarten von diesem: es sind Neigungen, Triebe, die sich auf gewisse bestimmte Lust- oder Unlustempfindungen beziehn.

dürstig, feige unerschrocken, sklavische gewannen die Freiheit wieder, und wilde beugten sich unter das Joch der Civilisation: kurz, es gibt keine Ursache, die so schnelle und außerordentliche Wirkungen hervorgebracht hat. Was die besonderen Richtungen betrifft, die die Religion den Individuen geben kann, so sind dieselben von einer bewundrungswürdigen Verschiedenheit.

12. Die Gefühle der Sympathie. Ich nenne Sympathie die Gesinnung, die uns beim Wohlsein der anderen empfindenden Wesen Lust, und bei ihren Uebeln Mitleiden empfinden läßt. Bezieht diese Gesinnung sich auf einen einzelnen Menschen, so nennt man sie Freundschaft; bezieht sie sich auf leidende Personen, Erbarmen oder Mitleid; umfaßt sie eine beschränkte Classe von Individuen, so bildet sie das, was man Kasten- oder Partheigeist nennt; umfaßt sie eine ganze Nation, so ist sie Gemeingeist, Patriotismus; umfaßt sie die ganze Menschheit, so heißt sie allgemeine Menschenliebe.

Die Art der Sympathie aber, die die bedeutendste Rolle im gewöhnlichen Leben spielt, ist diejenige, die ihre Affectionen auf bestimmte Individuen heftet, wie die Eltern, Kinder, einen Mann, eine Frau, vertraute Freunde. Im Allgemeinen vermehrt sie die Sensibilität sowohl für Lust als für Unlust. Das Ich erwirbt eine größre Ausdehnung, es hört auf, eines zu sein, es wird mehrfach. Man lebt gleichsam doppelt, in sich und in denen, welche man liebt, ja es ist nicht unmöglich, sich mehr in Andern zu lieben als in sich selbst, weniger von den Ereignissen, die durch ihre unmittelbaren Wirkungen uns selbst betreffen, angeregt zu werden, als von ihrem Eindruk auf diejenigen, die uns angehören: man kann zum Beispiel, als den bittersten Theil eines Unglüks den Schmerz, welchen es den von uns geliebten Personen verursacht, und als den süßesten Reiz eines Glückes das Vergnügen, das uns ihre Freude erregt, empfinden. Solche Wirkungen hat die Sympathie. Die empfangenen und zurükgegebenen Gefühle erhöhen sich durch diese Mittheilung, wie Gläser, so gestellt daß sie sich die Lichtstrahlen einander zusenden, dieselben in einem gemeinsamen Brennpunkt versammeln, und durch ihre gegenseitigen Zurükstrahlungen einen viel höheren Grad von Wärme erzeugen. Die Kraft dieser Sympathien ist einer der Gründe, welche die Gesezgeber bewogen, verehlichte Männer den Hagestolzen, Familienväter den Kinderlosen vorzuziehen. Das Gesez übt eine weit größre Gewalt über diejenigen aus, auf welche es in einer größeren Sphäre wirken kann; und überdieß, besorgt für das Glük derer, die sie überleben, verbinden sie in ihren Gedanken die Gegenwart mit der Zukunft, während diejenigen, die dieser Bande ermangeln, nur ein flüchtiger Besiz reizt.

Ueber die durch verwandschaftliche Verhältnisse erzeugte Sympathie ist zu bemerken, daß sie unabhängig von jeder Zuneigung wirken kann. Die Ehre des Vaters wirft ihren Glanz auf den Sohn; die Schande des Sohnes wirkt auf den Vater zurük. Die Glieder einer Familie, obgleich uneinig durch Interessen und Neigungen, haben eine gemeinschaftliche Empfindlichkeit für Alles, was die Ehre eines Jeden von ihnen betrifft.

13. Die Antipathien. Sie sind das Gegentheil der wohlwollenden Gefühle, wovon so eben die Rede gewesen. Aber es gibt natürliche und beständige Quellen der Sympathie, die man aberall, zu allen Zeiten, in allen Umständen wiederfindet; während die Antipathien nur zufällig und folglich vorübergehend sind. Sie sind verschieden nach den Zeiten, den Orten, den Begebenheiten, den Personen, sie haben nichts Festes und Be-

stimmtes. Indeß entsprechen und unterstüzen diese Principien sich zuweilen. So kann uns die Menschenliebe diejenigen, die unmenschlich sind, verhaßt machen; die Freundschaft flößt uns Haß gegen die Gegner unsrer Freunde ein; und die Antipathie selbst wird die Ursache einer Verbindung zwischen zwei Personen, die einen gemeinschaftlichen Feind haben.

14. Narrheit oder Geistesverwirrung. Die Unvollkommenheiten des Geistes lassen sich zurükführen auf die Unwissenheit, die Geistesschwäche, die übermäßige Reizbarkeit und die Unbeständigkeit. Aber das, was man Narrheit oder Seelenkrankheit nennt, ist ein außerordentlicher Grad von Unvollkommenheit, den jeder eben so schnell erkennt, wie den ausgezeichnetsten körperlichen Mangel. Sie erzeugt nicht nur alle obigen Unvollkommenheiten und zwar im Uebermaß, sondern gibt auch den Neigungen eine unsinnige und gefährliche Richtung.

Die Sensibilität eines Wahnsinnigen wird in einem gewissen Punkte übermäßig stark, während sie in andern Rüksichten auf Null heruntersinkt: er scheint ein übermäßiges Mißtrauen zu haben, eine schädliche Bosheit, und Mangel an allem Gefühl des Wohlwollens; er hat weder Achtung vor sich noch vor Andern, er trozt allem Anstand und allen Rücksichten; er ist weder für Furcht noch für gute Behandlung empfänglich; man unterwirft ihn durch Festigkeit, während man ihn zugleich durch Sanftmuth zähmt; aber er hat in seinem Geiste fast gar keine Vorstellung von Zukunft mehr, und nur unmittelbar einwirkende Mittel vermögen ihn zu bestimmen.

15. Die Vermögensumstände. Sie sind zusammengesezt aus der Totalsumme der Mittel, verglichen mit der Totalsumme der Bedürfnisse.

Die Mittel begreifen: 1) das Eigenthum, das was

man unabhängig von der Arbeit besizt: 2) die Vortheile, die aus der Arbeit hervorgehn; 3) die Unterstützungen, die man unentgeldlich von seinen Verwandten oder Freunden erwarten kann.

Die Bedürfnisse hängen von vier Umständen ab: 1) von den Ausgaben, woran man sich gewöhnt hat; über dieselben hinaus ist der Ueberfluß, unterhalb derselben die Entbehrung: die meisten unsrer Wünsche existiren nur durch die Erinnerung eines vorhergegangen Genusses; 2) von den Personen, zu deren Unterhalt uns das Gesez oder die Meinung verpflichtet, wie Kindern, armen Verwandten, alten Dienern; 3) von unvorhergesehenen Bedürfnissen: eine gewisse Summe kann einen viel größren Werth zu einer Zeit haben, als zu einer andern, zum Beispiel, wenn sie nothwendig ist für einen wichtigen Prozeß, für eine Reise, wovon das Schiksal einer Familie abhängt; 4) von der Erwartung eines Vortheils, einer Erbschaft u. s. w. Es ist einleuchtend, daß Hoffnungen auf Glüksgüter nach Maßgabe ihrer Stärke wahre Bedürfnisse sind, und daß ihr Verlust beinahe eben so als der eines Eigenthums, wovon wir den Genuß hatten, uns affiziren kann.

2. Abschnitt.

Abgeleitete Umstände, die auf die Sensibilität Einfluß haben.

Die Schriftsteller, welche die Gründe der Verschiedenheiten der Sensibilität zu erforschen gesucht, haben sie auf Umstände bezogen, deren wir noch nicht erwähnt haben: diese Umstände sind das Geschlecht, das Alter, der Stand, die gewöhnlichen Beschäftigungen, das Klima, die

Raçe, die Regierung, die Religion: alle, sehr in die Augen fallend, leicht zu beobachten, sehr bequem zur Erklärung der verschiedenen Erscheinungen der Sensibilität. Indeß sind es nur abgeleitete Umstände, das heißt, sie geben keinen Grund durch sich, man bedarf zu ihrer Erklärung der ursprünglichen Umstände, die sich in ihnen dargestellt und vereinigt finden, indem jede der abgeleiteten mehre der ursprünglichen in sich enthält. So, spricht man vom Einfluß des Geschlechtes auf die Sensibilität, so werden mit diesem einen Worte die ursprünglichen Umstände der körperlichen Kraft, der geistigen Bildung, der Seelenstärke, der Beständigkeit, der Begriffe von Ehre, der Gefühle der Sympathie u. s. w. angedeutet. Spricht man vom Einfluß des Standes, so versteht man darunter ein gewisses Zusammentreffen der ursprünglichen Umstände, wie des Grades der geistigen Bildung, der Begriffe von Ehre, der Familienverbindungen, der gewöhnlichen Beschäftigungen, der Vermögensumstände. Dasselbe gilt von allen übrigen: jeder dieser abgeleiteten Umstände kann in eine gewisse Anzahl der ursprünglichen aufgelöset werden. Eine solche Analyse, obgleich sehr wesentlich, ist noch nicht gemacht worden. Wir gehn nun zu einer genauern Untersuchung über.

1) Das Geschlecht. Die Sensibilität der Frauen scheint größer zu sein, als die der Männer. Ihre Gesundheit ist zarter. Rükſichtlich der körperlichen Kraft, der Geistesbildung, der intellektuellen Fähigkeiten, der Seelenstärke stehn sie gewöhnlich auf einer tiefern Stufe. Die moralische und religiöse Sensibilität ist lebhafter, die Sympathien und Antipathien haben mehr Gewalt über sie; aber die Ehre des Weibes besteht mehr in der Keuschheit und der Schamhaftigkeit, die des Mannes in der Rechtschaffenheit und dem Muthe; die Religion des Weibes neigt sich leichter zum Aberglauben, das heißt

zu kleinlichen Observanzen; es hat eine stärkere Zuneigung zu seinen eigenen Kindern während seines ganzen Lebens, und zu den Kindern im Allgemeinen während seiner ersten Jugend. Die Frauen sind mitleidiger gegen die Unglüklichen, die sie leiden sehen, und schließen sich noch enger an sie an durch die Sorgen, die sie ihnen widmen; allein ihr Wohlwollen beschränkt sich auf einen kleinen Kreis, und wird weniger durch das Princip der Nüzlichkeit geleitet. Selten nehmen sie sich das Wohl ihres Vaterlandes zu Herzen, noch seltener das der ganzen Menschheit; und selbst das Interesse, das sie an einer Partei nehmen können, hängt fast immer von einer geheimen Sympathie ab. Auf ihre Zuneigungen und Abneigungen haben Eigensinn und Einbildungskraft mehr Einfluß, während der Mann mehr auf das persönliche Interesse oder auf die öffentliche Nüzlichkeit Rüksicht nimmt. Ihre gewöhnlichen Beschäftigungen sind mehr ruhiger Art und sedentär. Das allgemeine Resultat ist also, daß die Frau mehr für die Familie, der Mann für die Staatsgeschäfte geeignet ist. Die häusliche Oeconomie befindet sich besser in den Händen der Frau, die Hauptverwaltung in den Händen des Mannes.

2) Das Alter. Jede Periode des Lebens wirkt verschieden auf die Sensibilität; aber es ist um so schwieriger davon Rechenschaft zu geben, als die Gränzen der einzelnen Alter nach den Individuen verschieden, und im Allgemeinen selbst willkührlich sind. Man kann über die Kindheit, die Jugend, das beginnende Mannesalter, das Alter der Reife, das der Abnahme und Hinfälligkeit, als Abtheilungen des menschlichen Lebens betrachtet, nur unbestimmt und allgemein sprechen. Die verschiedenen Unvollkommenheiten des Geistes, wovon wir geredet, sind in der Kindheit so in die Augen fallend,

daß diese eines wachsamen und beständigen Schuzes bedarf. Die Neigungen des Jünglings und des jungen Mannes sind schnell und heftig, aber wenig geleitet durch die Geseze der Klugheit. Der Gesezgeber ist verpflichtet, dies Alter gegen die Verirrungen zu sichern, denen es der Mangel an Erfahrung und die Heftigkeit der Leidenschaften aussezen. Was das Alter der Hinfälligkeit betrifft, so ist es in vielen Rüksichten die Wiederkehr zu den Unvollkommenheiten der Kindheit.

3) **Der Stand.** Dieser Umstand ist hinsichtlich seiner Wirkungen von der politischen Verfassung der Staaten so abhängig, daß es fast unmöglich ist, irgend einen allgemein wahren Saz aufzustellen. Man kann im Allgemeinen sagen, daß die Summe der Sensibilität in den höhern Ständen größer ist, als in den niedern; besonders sind dort die Begriffe von Ehre herrschender.

4) **Die Erziehung.** Man kann auf die physische Erziehung die Gesundheit, die körperliche Kraft, die Robusticität beziehn; auf die intellectuelle die Größe der Kenntnisse, ihre Beschaffenheit, und bis auf einen gewissen Punkt die Seelenstärke, die Beständigkeit; auf die moralische die Richtung der Neigungen, die Begriffe von Ehre, von Religion, die Gefühle der Sympathie u. s. w. Auf die Erziehung im Allgemeinen kann man beziehen die gewöhnlichen Beschäftigungen, die Vergnügungen, die Verbindungen, die Gewöhnungen hinsichtlich der Ausgaben, die Vermögensquellen. Jedoch, wenn man von Erziehung spricht, darf man nicht vergessen, daß ihr Einfluß durch ein Mitwirken äußerer Ursachen oder durch eine natürliche Anlage, die ihre Wirkungen unberechenbar machen, in allen Rüksichten modificirt wird.

5) **Die gewöhnlichen Beschäftigungen**, seien sie Gewinn erzielende, seien sie belustigende und frei gewählte.

Sie wirken auf alle übrigen Ursachen, Gesundheit, Körperkraft, Geistesbildung, Neigungen, Begriffe von Ehre, Sympathie, Antipathie, Vermögen u. s. w. So bemerkt man gemeinsame Charakterzüge in gewissen Professionen, vorzüglich in denen, die einen besonderen Stand bilden, wie unter Geistlichen, Soldaten, Matrosen, Advocaten, Magistraten u. s. w.

6) Das Klima. Anfangs hat man diese Ursache eine zu bedeutende Rolle spielen lassen, in der Folge hat man sie auf nichts zurükgeführt. Was die Untersuchung schwierig macht, besteht darin, daß eine Vergleichung der Nationen sich nur auf allgemeine Thatsachen gründen läßt, die man auf verschiedene Weisen erklären kann. Es scheint unbestreitbar, daß in den warmen Klimaten die Menschen weniger stark, weniger kräftig sind; sie brauchen weniger zu arbeiten, weil die Erde fruchtbarer ist; sie sind mehr geneigt zu den Vergnügen der Liebe, deren Trieb sich schneller und hiziger zeigt. Alle ihre Empfindungen sind erhöhter, ihre Phantasie ist lebhafter, ihr Geist schneller, aber weniger kräftig, weniger ausdaurend. Ihre gewöhnlichen Beschäftigungen zeigen mehr Indolenz als Thätigkeit. Sie haben wahrscheinlich von Geburt eine weniger kräftige Körperorganisation, einen weniger starken und beständigen Geist.

7) Die Raçe. Ein Neger, in Frankreich oder in England geboren, ist in vielen Rüksichten sehr verschieden von einem Kinde französischer oder englischer Raçe. Ein spanisches Kind, in Mexiko oder Peru geboren, ist von der Stunde seiner Geburt an sehr verschieden von einem mexikanischen oder peruanischen Kinde. Die Raçe kann auf das Naturell, das allem Uebrigen zur Basis dient, Einfluß haben. In der Folge wirkt sie merklicher auf die moralische und religiöse Denkart, auf die Sym- und Antipathien.

8) Die Regierung. Dieser Umstand wirkt auf dieselbe Weise wie die Erziehung. Die Obrigkeit kann als ein nationaler Erzieher betrachtet werden, ja unter einer vorsichtigen und aufmerksamen Regierung ist der einzelne Lehrer, der Vater selbst, gleichsam der Abgeordnete, der Stellvertreter der Obrigkeit, mit dem Unterschiede, daß die Gewalt des ersten ein Ende nimmt, und die der lezteren sich über das ganze Leben erstrekt.

Der Einfluß dieser Ursache ist unermeßlich: er erstrekt sich auf alles, oder vielmehr er umfaßt alles, ausgenommen das Temperament, die Raçe und das Klima. Denn die Gesundheit selbst kann in manchem Betracht davon abhangen, vermöge der Polizei, des Ueberflusses, der Sorge für Entfernung schädlicher Ursachen. Die Art, die Erziehung zu leiten, über die Aemter, Belohnungen und Strafen zu verfügen, wird die physischen und moralischen Eigenschaften eines Volkes bestimmen.

Unter einer gut eingerichteten, oder auch nur gut verwalteten, wenn auch schlecht eingerichteten Regierung wird man allgemein finden, daß die Menschen mehr durch die Ehre regiert werden, und daß die Ehre in Handlungen, die dem öffentlichen Wohl gemäß sind, gesezt wird. Die religiöse Sensibilität wird freier sein von Fanatismus und Intoleranz, von Aberglauben und sklavischer Verehrung. Es wird sich ein gemeinsames Gefühl des Patriotismus bilden; die Bürger werden sich der Existenz eines Nationalinteresses bewußt werden. Die geschwächten Parteien werden Mühe haben, ihre alten Vereinigungsignale wiederzufinden. Die Zuneigungen des Volkes werden mehr gegen die Obrigkeit gerichtet sein, als gegen Parteihäupter, und gegen das ganze Vaterland vor allem Uebrigen. Die privaten Feindschaften werden nicht einwurzeln, werden sich nicht verbreiten; der nationale Geschmak wird sich auf nüzliche Ausgaben, auf Reisen zur Belehrung, auf die Wissenschaften, auf Verschönerung des Landes richten. Man wird selbst in den Erzeugnissen des Geistes eine allgemeine Richtung wahrnehmen, wichtige Fragen, die das öffentliche Wohl betreffen, mit Ruhe zu untersuchen.

9. Das religiöse Bekenntniß. Es bietet ziemlich sichere Schlüsse dar in Beziehung auf die religiöse Sensibilität, auf die Sympathien, auf die Antipathien, auf die Begriffe von Ehre und Tugend. Ja, man kann in gewissen Fällen nach der Secte, wozu Jemand gehört, seine Geistesbildung, die Kraft oder Schwäche seines Geistes und seine Neigungen beurtheilen. Ich gebe zu, daß es nicht ungewöhnlich ist, aus Anstand oder Convenienz öffentlich eine Religion zu bekennen, wovon man innerlich nicht überzeugt ist; allein ihr Einfluß, obgleich geschwächt, ist dennoch keineswegs null. Die Gewalt der ersten Gewohnheiten, die Bande der Gesellschaft, die Macht des Beispiels fahren fort zu wirken, selbst nachdem der Grund von allem diesem nicht mehr existirt. Ein Mensch, der im Grunde des Herzens aufgehört hat, Jude, Quäker, Anabaptist, Calvinist, Lutheraner zu sein, nährt dennoch immerfort eine gewisse Partheilichkeit für die Personen derselben Secte, und eine verhältnißmässige Antipathie gegen die andern.

---

3. Abschnitt.

Practische Anwendung dieser Theorie.

Wie man die Bewegung eines Schiffes nicht berechnen kann, ohne die Umstände zu kennen, die auf seine Schnelligkeit Einfluß haben, wie die Kraft des Windes, den Widerstand des Wassers, den Schnitt seiner Bauart, das Gewicht seiner Ladung u. s. w; ebenso kann man in der Gesezgebung nicht mit Sicherheit zu Werke gehn, ohne alle die Umstände zu betrachten, die auf die Sensibilität Einfluß haben.

Ich beschränke mich hier auf das, was die Strafgesezgebung betrifft: sie fodert in allen ihren Theilen die genauste Aufmerksamkeit auf jene verschiedenen Umstände.

1. Um das Uebel eines Verbrechens zu schäzzen. In der That, das mit demselben Wort genannte Verbrechen ist nicht dasselbe in der Wirklichkeit, wenn die Sensibilität des verlezten Individuums nicht dieselbe ist. Es kann zum Beispiel eine Handlung eine schwere Beleidigung gegen eine Frau sein, während sie gegen einen Mann gleichgültiger Art ist. Eine körperliche Beleidigung, die, einem Kranken zugefügt, sein Leben in Gefahr sezt, hat für einen vollkommen Gesunden durchaus keine Folge. Eine Beschuldigung, die das Glük oder die Ehre dieses Menschen vernichten kann, würde jenem gar nicht schaden.

2. Um dem verlezten Individuum eine angemessene Entschädigung zu geben. Die dem Namen nach gleiche Entschädigung ist nicht die gleiche in der Wirklichkeit, wenn die Sensibilität wesentlich verschieden ist. Eine Geldentschädigung für eine Beleidigung kann angenehm oder kränkend sein, nach dem Range der Person, ihrem Vermögen, der herrschenden Meinung. Bin ich beschimpft: eine öffentliche Bitte um Verzeihung würde eine hinlängliche Genugthuung von Seiten meines Vorgesezten oder Gleichen sein, nicht aber von Seite eines mir Untergebenen.

3. Um die Stärke der Strafen und ihren Eindruk auf die Verbrecher zu schäzen. Die dem

Namen nach gleiche Strafe ist nicht die gleiche in der Wirklichkeit, wo die Sensibilität wesentlich verschieden ist. Die Verbannung wird keine gleiche Strafe sein für einen jungen Menschen und einen Greis, für einen Ehelosen und einen Familienvater, für einen Handwerker, der außerhalb seines Landes nicht zu bestehn vermag, und einen Reichen, der nur die Scene seiner Vergnügungen ändert. Das Gefängniß wird keine gleiche Strafe sein für einen Mann und eine Frau, für einen Gesunden und für einen Kranken, für einen Reichen, dessen Familie durch seine Abwesenheit nicht leidet, und für einen Menschen, der nur von seiner Tagesarbeit lebt, und die Seinigen in der Armuth zurük läßt.

4. Um ein Gesez von einem Lande in ein andres zu versezen. Das den Worten nach gleiche Gesez wird nicht das gleiche in der Wirklichkeit sein, wenn die Sensibilität der beiden Völker wesentlich verschieden ist. Ein europäisches Gesez, welches das Glük der Familie begründet, würde, nach Asien verpflanzt, eine Geißel der Gesellschaft sein. Die Frauen in Europa sind gewöhnt, sich der Freiheit und selbst der häuslichen Herrschaft zu erfreuen; die Frauen in Asien sind durch ihre Erziehung vorbereitet, in ein Serail eingeschlossen zu werden und die Sklavinnen ihrer Männer zu sein. Die Ehe in Europa und im Orient ist nicht derselbe Vertrag: wenn man ihn denselben Gesezen unterwerfen wollte, so würde man augenscheinlich alle interessirten Parteien unglüklich machen.

Für gleiche Verbrechen gleiche Strafen: dieser Gemeinspruch hat einen Anschein von Gerechtigkeit und Unparteilichkeit, der alle seichte Geister getäuscht hat. Um ihm einen vernünftigen Sinn zu geben, muß man vorher bestimmen, was man unter gleichen Strafen und gleichen Verbrechen versteht. Ein starres Gesez, ein Gesez, das weder Geschlecht, noch Alter, weder Rang noch Vermögen, weder Erziehung noch die moralischen und religiösen Vorurtheile der Indiviuen berüksichtigt, würde doppelt fehlerhaft, es würde unwirksam und tyrannisch sein. Zu streng für den einen, zu nachsichtig für den andern, immer fehlend durch Uebermaß oder Mangel, würde es unter dem Scheine der Gleichheit die ungeheurste Ungleichheit verbergen.

Wenn ein Mensch von großem Vermögen und ein andrer von mittelmässigen Umständen zu derselben Geldstrafe verurtheilt werden, ist die Strafe gleich, werden sie dasselbe Uebel leiden? Wird die offenbare Ungleichheit dieser Behandlung nicht noch verhaßter durch ihre Verspottung der Gleichheit? und ist nicht der Zwek des Gesezes verfehlt, da der eine alle Mittel seiner Existenz verlieren kann, während der andre wie im Triumphe entschlüpft? Ein starker junger Mensch und ein schwacher Greis seien beide verurtheilt, eine gleiche Anzahl von Jahren Ketten zu schleppen: ein Schwäzer, geschickt die einleuchtendsten Wahrheiten zu verdunkeln, könnte die Gleichheit dieser Strafe behaupten; allein das Volk, das seine Vernunft nicht durch Sophisterei verderbt hat, das der Natur und dem Gefühl treu geblieben, wird beim Anblik dieser Ungerechtigkeit jenes innere Murren der Seele vernehmen, und sein Unwille, den Gegenstand verändernd, wird vom Verbrecher auf den Richter, vom Richter auf den Gesezgeber übergehn.

Ich will nicht scheinbare Einwürfe verhehlen. Wie ist es möglich, alle die Umstände, die auf die Sensibilität von Einfluß sind, in Rechnung zu bringen? Wie kann man innere, verborgene Anlagen schäzen, die Stärke des Geistes, den Grad der Aufklärung, die Neigungen, die Sympathien? Wie kann man Eigenschaften, die in allen Menschen verschieden sind, messen? Ein Familienvater kann jene innere Anlagen, jene Verschiedenheiten der Charaktere bei der Behandlung seiner Kinder berüksichtigen; aber ein öffentlicher Lehrer, über eine kleine Anzahl von Schülern gestellt, kann es schon nicht. Der Gesezgeber, der ein zahlreiches Volk im Auge hat, ist um so mehr genöthigt, sich an allgemeine Geseze zu halten, und muß selbst fürchten, sie durch Hinabsteigen zu besondren Fällen zu verwickelt zu machen. Wenn er dem Richter die Befugniß gäbe, die Anwendung der Geseze jener unendlichen Verschiedenheit von Umständen und Charakteren anzupassen; so würde die Willkühr der Richter unbeschränkt sein, sie würden unter dem Vorwand, der wahren Absicht des Gesezgebers zu entsprechen, die Geseze zu Werkzeugen ihrer Pflichtvergessenheit und Laune machen. Sed aliter leges, aliter philosophi astutias tollunt: leges quatenus manu tenere possunt; philosophi quatenus ratione et intelligentia. De Off. 3, 17.

Es handelt sich hier nicht um eine Entgegnung, sondern um eine Aufklärung: denn alles dies enthält weniger einen Einwand, als eine Schwierigkeit: man leugnet nicht das Princip, sondern man hält seine Anwendung für unmöglich.

1. Ich gebe zu, daß die meisten jener Verschiedenheiten der Sensibilität unschäzbar sind, daß es unmöglich sein würde, ihr Dasein in einzelnen Fällen in Gewißheit zu sezen oder die Stärke und den Grad derselben zu messen; aber glücklicher Weise haben diese innern und verborgenen Anlagen äußre und offenbare Zeichen. Dies sind die Umstände, die ich abgeleitete genannt habe: Geschlecht, Alter, Stand, Raçe, Klima, Regierung, Erziehung, religiöses Bekenntniß: in die Augen fal-

lende und handgreifliche Umstände, die die inneren Anlagen darstellen. So ist denn dem Gesezgeber der schwierigste Theil seiner Aufgabe erleichtert. Er hält sich nicht bei mataphysischen oder moralischen Eigenschaften auf, er hat sich nur an offen liegende Umstände zu halten. Er verordnet z. B. die Modification einer Strafe, nicht wegen der größren Sensibilität eines Individuums oder wegen seiner Beständigkeit, seiner Seelenstärke, seiner Geistesbildung u. s. w., sondern wegen des Geschlechtes oder des Alters. Allerdings sind die aus jenen Umständen gezogenen Schlüsse dem Irrthum unterworfen: ein Kind von fünfzehn Jahren kann mehr Verstand haben als ein Mann von dreißig, eine Frau mehr Muth oder weniger Schamhaftigkeit als ein Mann; aber im Allgemeinen werden diese Schlüsse so viel Richtigkeit haben, als nöthig ist, um eine tyrannische Gesezgebung zu vermeiden, und vorzüglich um dem Gesezgeber die Beistimmung der öffentlichen Meinung zu verschaffen.

2. Diese abgeleiteten Umstände sind nicht allein leicht aufzufassen, sie sind auch von geringer Anzahl, sie bilden allgemeine Classen. Man kann aus ihnen Gründe der Freisprechung, der Milderung und Schärfung der Strafen für die verschiedenen Verbrechen hernehmen. So schwindet die Verwiklung, und alles läßt sich leicht auf ein einfaches Princip zurükführen.

3. Alle Willkühr ist verbannt: es ist nicht der Richter, sondern das Gesez selbst, welches eine Strafe nach dem Geschlecht, dem Alter, dem religiösen Bekenntniß u. s. w. modificirt. Was die anderen Umstände betrifft, deren Prüfung dem Richter durchaus überlassen werden muß, wie das Mehr oder Weniger der Geistesverwirrung, das Mehr oder Weniger der Körperkraft, das Mehr oder Weniger des Vermögens u. s. w.; so leitet

der Gesezgeber, der über die individuellen Fälle nicht richten kann, die Richter durch allgemeine Regeln, und läßt ihnen einen gewissen Spielraum, damit sie ihr Urtheil der besondern Natur des Falles anpassen können.

Das hier Empfohlene ist nicht eine Idee aus Utopien. Es ist noch kein Gesezgeber barbarisch und dumm genug gewesen, um alle Umstände, die die Sensibilität bestimmen, zu vernachlässigen. Sie haben eine mehr oder weniger unklare Vorstellung davon gehabt, die sie bei der Gründung der civilen und politischen Rechte geleitet hat; sie haben bei der Festsezung der Strafen mehr oder weniger auf diese Umstände Rüksicht genommen; daher die Unterschiede, die sie machen in Beziehung auf die Frauen, die Kinder, die Freien, die Sklaven, die Soldaten, die Geistlichen u. s. w.

Dracon scheint der einzige zu sein, der alle diese Betrachtungen, wenigstens in der Strafgesezgebung, verworfen hat: alle Verbrechen haben ihm gleich geschienen, weil alle Verlezungen des Gesezes seien. Er hat alle Verbrecher ohne Unterschied zum Tode verurtheilt. Er hat alle Geseze des menschlichen Empfindens verwirrt, alle umgestürzt. Sein schrekliches Werk war nicht von langer Dauer. Ich zweifle, daß seine Geseze jemals buchstäblich sind befolgt worden.

Ohne in dieses Extrem zu fallen, wie viele Fehler hat man in dieser Beziehung gemacht! Ich würde nicht enden, wenn ich Beispiele geben wollte. Sollte man glauben, daß es Fürsten gegeben, die lieber ganze Provinzen verloren, oder Ströme menschlichen Blutes strömen ließen, als daß sie die besondre Empfindungsweise eines Volkes schonten, eine an sich gleichgültige Sitte duldeten, ein altes Vorurtheil, eine gewisse Kleidung, eine gewisse Gebetformel bestehn ließen.

Ein Fürst unsrer Tage, thätig, aufgeklärt, strebend nach Ruhm und nach dem Glük seiner Unterthanen, *) unternahm alles in seinen Staaten umzubilden, und regte alles gegen sich auf. Am Tage vor seinem Tod, allen Kummer seines Lebens bedenkend, wollte er, daß man auf sein Grab schriebe, er sei in allen seinen Unternehmungen unglüklich gewesen. Man hätte dieser Inschrift zur Belehrung der Nachwelt hinzufügen müssen, daß er nie die Kunst gekannt habe, die Meinungen, die Neigungen, die Empfindungsweise der Menschen zu schonen.

Wenn der Gesezgeber das menschliche Herz studirt, wenn er den verschiedenen Graden, den verschiedenen Arten der Sensibilität durch Ausnahmen, Beschränkungen, Milderungen nachgibt; so erfreut uns diese Mässigung seiner Macht, wie eine väterliche Herablassung: es ist der Grund der Billigung, die wir den Gesezen geben unter den unbestimmten Namen der Menschlichkeit, Billigkeit, Mässigung, Weisheit.

Ich finde hierin eine auffallende Aehnlichkeit zwischen der Kunst des Gesezgebers und jener des Arztes. Beide bedürfen jenes Verzeichnisses der Umstände, die auf die Sensibilität von Einfluß sind. Was den rationellen Arzt vom Empiriker unterscheidet, ist jene Aufmerksamkeit auf alles, was den besondern Zustand des Individuums bildet. Vorzüglich aber in den Krankheiten des Geistes, in jenen, wo die moralische Natur angegriffen ist, wo es gilt, schädliche Gewohnheiten zu überwinden und neue zu bilden, ist es nothwendig, alles das zu erforschen, was auf den Zustand des Kranken einwirkt. Ein einziger Irrthum in dieser Hinsicht kann alle Resultate ändern, und das Uebel durch die Heilmittel vergrößern.

*) Joseph II.

10. Capitel.

Analyse des politischen Wohls und Uebels.

Auf welche Weise sie sich in der Gesellschaft verbreiten.

Es verhält sich mit der Regierung, wie mit der Heilkunst: ihre alleinige Aufgabe besteht in der Wahl der Uebel. Jedes Gesez ist ein Uebel, denn jedes Gesez beschränkt die Freiheit: die Regierung, ich wiederhole es, hat nur die Wahl der Uebel. Worauf hat der Gesezgeber bei dieser Wahl zu sehen? Er muß sich zweier Dinge versichern: 1) daß in jedem Falle die Ereignisse, die er zu verhindern sucht, wirklich Uebel sind; 2) daß diese Uebel größer sind als diejenigen, die er anwendet, um sie zu verhindern.

Er hat also zweierlei ins Auge zu fassen, das Uebel des Verbrechens und das Uebel des Gesezes, das Uebel der Krankheit und das Uebel des Heilmittels.

Ein Uebel kommt selten allein: es wird selten ein Individuum treffen, ohne von da, wie von einem Mittelpunkte, sich zu verbreiten. In seinem Laufe werden wir es verschiedene Formen annehmen sehn: wir werden ein Uebel einer Art aus einem Uebel andrer Art hervorgehn sehn, und selbst das Uebel aus dem Guten, und das Gute aus dem Uebel. Es ist wichtig, alle diese Verändrungen zu kennen und zu unterscheiden; grade hierin besteht das Wesen der Gesezgebung. Aber glüklicher Weise sind diese Modificationen klein an Zahl, und die Verschiedenheit stark ausgeprägt. Er werden drei Haupteintheilungen und zwei Unterabtheilungen genügen, um die schwierigsten Probleme zu lösen.

Uebel der ersten Ordnung.
Uebel der zweiten Ordnung.
Uebel der dritten Ordnung.

Ursprüngliches Uebel; abgeleitetes Uebel.
Unmittelbares Uebel; als Folge eintretendes Uebel.
Sich ausbreitendes Uebel; theilbares Uebel.
Bleibendes Uebel; schwindendes Uebel.

Dies sind die einzigen neuen Ausdrücke, die wir nöthig haben, um die Mannigfaltigkeit der Formen, die das Uebel annehmen kann, zu bezeichnen.

Das aus einem Verbrechen hervorgehende Uebel löst sich in zwei Hauptheile auf: 1) denjenigen, der unmittelbar diese oder jene bestimmbaren Individuen trifft; ich nenne ihn Uebel der ersten Ordnung; 2) denjenigen, der aus dem ersten entspringt, und sich über die ganze Gemeinheit, oder über eine unbegränzte Anzahl nicht bestimmbarer Individuen ausbreitet; ich nenne ihn Uebel der zweiten Ordnung.

Das Uebel der ersten Ordnung verzweiget sich wieder zwiefach: 1) in das ursprüngliche Uebel, welches sich auf das verlezte Individuum, den ersten Leidenden, z. B. den Verwundeten oder Bestohlnen, beschränkt; 2) in das abgeleitete Uebel, jenen Theil des Uebels, der auf bestimmbare Individuen in Folge des durch den ersten erlittenen Uebels sich ausdehnt, vermöge irgend einer Verbindung unter ihnen durch persönliches Interesse oder durch Sympathie.

Das Uebel der zweiten Ordnung verzweigt sich gleichfalls zwiefach: 1) in das Schrecken, 2) die Gefahr. Das Schrecken ist eine wirkliche Unlust, eine Unlust der Furcht, der Furcht dasselbe Uebel zu leiden, wovon man so eben ein Beispiel gesehn. Die Gefahr ist die Möglichkeit, daß das ursprüngliche Uebel Uebel derselben Art hervorbringe.

Diese beiden Zweige des Uebels der zweiten Ordnung sind eng verbunden, aber dennoch so verschieden, daß sie abgesondert existiren können. Das Schrecken kann ohne die Gefahr, die Gefahr ohne das Schrecken stattfinden. Man kann von Schrecken erfüllt sein durch eine rein eingebildete Verschwörung; man kann im Schoose einer Verschwörung, die zum Ausbruch bereit ist, das Gefühl der Sicherheit haben. Gewöhnlich aber finden sich Schrecken und Gefahr zusammen, als natürliche Wirkungen derselben Ursache. Das geschehene Uebel läßt Uebel derselben Art erwarten, indem es sie wahrscheinlich macht. Das geschehene Uebel läßt die Gefahr entstehn, die Aussicht auf die Gefahr das Schrecken. Eine böse Handlung ist gefährlich durch das Beispiel; sie kann einer andern bösen Handlung die Wege bahnen, indem sie die Vorstellung, sie zu verüben, erweckt, und die Stärke der Versuchung vermehrt.

Man verfolge das, was in dem Geiste dieses oder jenes Menschen vorgehn kann, wenn er von einem Diebstal hört, der gelungen ist. Er kannte vorher dies Erwerbmittel nicht, oder er dachte nicht daran: das Beispiel wirkt wie eine Belehrung und weckt in ihm die erste Vorstellung, zu demselben Mittel zu greifen. Er sieht, daß die Sache möglich ist, wofern man sich nur geschikt benimmt: ihre Ausführung durch einen Andern stellt sie ihm weniger schwierig und gefährlich vor. Er hat nun eine leitende Spur auf dem Pfade, worauf er sich nicht zuerst gewagt haben würde. Jenes Beispiel hat auch noch eine andre nicht weniger merkwürdige Wirkung auf seinen Geist: es schwächt die Gewalt der Motive, die ihn abhielten. Die Furcht vor dem Geseze verliert einen Theil ihre Stärke, so lange der Schuldige ungestraft bleibt; die Furcht vor der Schande vermindert sich ebenfalls, weil er Mitschuldige sieht, die ihm, so zu sagen, ein sicherndes Bündniß gegen das Unglük der Verachtung darbieten. Dies ist so wahr, daß überall, wo die Diebstäle häufig sind und ungestraft bleiben, sie nicht mehr Schande zuziehn, als jede andre Erwerbart. Die ersten Griechen machten sich kein Bedenken daraus, und die Araber prahlen heutzutage damit.

Wenden wir diese Theorie an. Du seist geschlagen, verwundet, beleidigt, bestohlen worden. Die Masse deiner persönlichen Uebel, in Beziehung auf dich allein betrachtet, bildet das ursprüngliche Uebel. Aber du hast Freunde: die Sympathie erzeugt Teilnahme an deinem Leiden. Du hast eine Frau, Kinder, Verwandte: ein Theil der Schande, womit dich der Schimpf, den du erlitten, bedekt hat, fällt auf sie. Du hast Gläubiger: der Verlust, den du erfahren, nöthigt dich sie warten zu lassen. Alle diese Personen erleiden ein mehr oder weniger schweres Uebel, abgeleitet von dem deinigen; und diese beiden Theile des Uebels, das deinige und das ihrige, bilden das Uebel der ersten Ordnung.

Das ist noch nicht alles. Die Nachricht dieses Diebstals mit seinen Umständen verbreitet sich von Mund zu Mund. Es erwacht die Vorstellung von Gefahr, und als Folge das Schrecken. Dies Schrecken ist mehr oder weniger groß nach Maßgabe dessen, was man von dem Charakter der Diebe erfahren, von den Mißhandlungen, die sie verübt, von ihrer Anzahl und ihren Mitteln; ferner nach Maßgabe der größern oder gringern Entfernung des Orts des verübten Verbrechens, der Stärke und des Muthes, die man besizt, der Umstände, ob man allein oder mit einer Frau reist, ob man mehr oder minder werthvolle Gegenstände mit sich führt u. s. w. Diese Gefahr und dies Schrecken machen das Uebel der zweiten Ordnung aus.

Wenn das Uebel, das man dir zugefügt, von der Natur ist, daß es sich ausbreitet, z. B. wenn man dich durch eine Beschuldigung beschimpft hat, die eine mehr oder weniger zahlreiche Classe von Personen umschlingt; so handelt es sich nicht mehr von einem auf den Einzelnen beschränkten Uebel, sondern von einem sich ausbreitenden. Seine Größe wächst im Verhältniß zu der Anzahl derer, die es mittrift.

Wenn die Summe, die man dir gestohlen, nicht dir, sondern einer Gesellschaft oder dem Staate gehörte; so würde das Uebel ein getheiltes sein. Im Gegensaz zum vorigen Falle vermindert sich die Größe des Uebels im Verhältniß zu der Anzahl derer, die es mittrift.

Wenn du in Folge der Wunde, die du erhalten, ein von dem ersten ganz verschiedenes Uebel leidest, z. B. wenn du ein gewinnversprechendes Geschäft aufgeben mußt, die Gelegenheit zu einer guten Heirath, zu einem vortheilhaften Amt verlierst; so kann man dies Uebel ein als Folge eintretendes nennen.

Das bleibende Uebel ist dasjenige, welches, einmal zugefügt, nicht mehr gehoben werden kann; z. B. eine nicht gut zu machende persönliche Beleidigung, die Ablösung eines Gliedes, der Tod u. s. w. Das schwindende oder vorübergehende Uebel ist dasjenige, welches gänzlich wieder aufhören kann, wie eine Krankheit, die heilbar ist, oder ein Verlust, der vollständig ersezt werden kann.

Diese Unterscheidungen, obgleich zum Theil neu, sind nichts weniger als unnüze Spizfindigkeiten. Nur vermittelst ihrer läßt sich die Verschiedenheit der Schwere der Verbrechen schäzen, und das Verhältniß der Strafen bestimmen.

Diese Analyse wird uns ein moralisches Criterium darbieten, ein Mittel die menschlichen Handlungen zu zerlegen, wie man die Metalle zerlegt, um ihren innern Werth und die Größe der Beimischungen genau zu erkennen.

Wenn unter den bösen Handlungen oder den dafür gehaltenen sich solche befinden, die durchaus kein Schrekken hervorbringen, welche Verschiedenheit zwischen diesen Handlungen und den schreckenhervorbringenden! Der Gegenstand des ursprünglichen Uebels ist ein einziges Individuum; das abgeleitete Uebel kann sich nur auf eine kleine Anzahl ausdehnen. Aber das Uebel der zweiten Ordnung kann die ganze Gesellschaft umfassen. Ein Fanatiker zum Beispiel verübt einen Mord wegen Kezerei: das Uebel der zweiten Ordnung, vorzüglich das Schrecken, kann mehrere Millionen Mal so groß sein, als das Uebel der ersten Ordnung.

Es gibt eine große Classe von Verbrechen, deren ganzes Uebel in der Gefahr besteht. Ich meine jene Handlungen, die ohne irgend ein bestimmbares Individuum zu verlezen, der ganzen Gesellschaft schädlich sind. Nehmen wir zum Beispiel ein Verbrechen gegen die Justiz. Die Pflichtvergessenheit eines Richters, eines Anklägers, eines Zeugen bewirkt die Losssprechung eines Schuldigen: ohne Zweifel ein Uebel, denn es tritt eine Gefahr ein, die Gefahr, daß der Verbrecher selbst durch die Ungestraftheit zur Wiederholung seiner Verbrechen ermuthigt werde, die Gefahr, daß das Beispiel und das Glük des ersten andre Verbrecher aufmuntere. Indeß ist es wahrscheinlich, daß diese Gefahr, so groß sie auch sein möge, der öffentlichen Aufmerksamkeit entgeht, und daß diejenigen, die durch Uebung des Nachdenkens fähig sind sie zu entdecken, kein Schrecken davon verspüren. Sie fürchten nicht, daß sie sich bei Jemandem verwirklichen werde.

Jedoch die Wichtigkeit dieser Unterscheidungen wird erst bei ihrer Entwicklung recht klar werden. Wir werden bald eine Anwendung derselben im Einzelnen sehn.

Blicken wir weiter, so werden wir noch ein andres Uebel entdecken, das aus einem Verbrechen hervorgehn kann. Wenn das Schrecken zu einem gewissen Punkte gelangt, wenn es lange Zeit dauert, so beschränkt sich seine Wirkung nicht auf die leidenden Vermögen des Menschen, sie dehnt sich auf seine activen Vermögen aus, ertödtet sie, versezt sie in einen Zustand der Niedergeschlagenheit und Erstarrung. Wenn Bedrückungen und Beraubungen gewöhnlich geworden, arbeitet der muthlose Landman nur noch, um nicht vor Hunger zu sterben; er sucht im Nichtsthun den einzigen Trost seines Unglüks, der Fleiß sinkt mit der Hoffnung, und Unkraut wuchert auf den fruchtbarsten Feldern. Diesen Zweig des Uebels kann man das Uebel der dritten Ordnung nennen.

Das Uebel geschehe durch die Handlung eines Menschen, oder es sei die Folge eines rein physischen Ereignisses: diese Unterscheidungen werden auf gleiche Weise anwendbar sein.

Glüklicher Weise ist es nicht blos dem Uebel eigen, sich fortzupflanzen und auszubreiten; Das Gute hat dieselben Eigenschaften. Folgt man der Analogie, so wird man aus einer guten Handlung ein Gutes der ersten Ordnung, gleichfalls zertheilbar in ein ursprüngliches und abgeleitetes, hervorgehn sehn, so wie ein Gutes der zweiten Ordnung, welches einen gewissen Grad von Zutrauen und Sicherheit hervorbringt.

Das Gute der dritten Ordnung zeigt sich in jener Energie, jener Freudigkeit des Herzens, jenem Feuer im Handeln, welche die Motive der Belohnung einflößen. Der Mensch, von diesem Gefühl der Freude beseelt, findet in sich Kräfte, deren Dasein er nicht kannte.

Die Fortpflanzung des Guten ist weniger schnell, weniger bemerkbar als die des Uebels. Ein Korn des

Guten, wenn ich so sprechen darf, ist weniger fruchtbar an Hoffnungen, als ein Korn des Uebels an Furcht. Aber diese Differenz wird reichlich ersezt; denn das Gute ist eine nothwendige Folge natürlicher, immer wirkender Ursachen, während sich das Uebel nur zufällig und in Zwischenräumen forterzeugt.

Die Gesellschaft ist so eingerichtet, daß wir, indem wir für unser eignes Glük arbeiten, für das allgemeine Glük wirken. Man kann seine eignen Mittel zum Genusse nicht vermehren, ohne daß man die eines andern vermehrt. Zwei Völker, wie zwei Individuen, bereichern sich durch wechselseitigen Handel, und jeder Tausch ist auf gegenseitigen Vortheil gegründet.

Auch ist es ein Glük, daß die Wirkungen des Uebels nicht immer ein Uebel sind. Sie nehmen oft die entgegengesezten Eigenschaften an. So werden die auf die Verbrechen angewandten gesezlichen Strafen, obgleich sie ein Uebel der ersten Ordnung hervorbringen, in der Gesellschaft nicht als ein Uebel angesehn, weil sie ein Gutes der zweiten Ordnung erzeugen. Ihr Gefolge sind Schrekken und Gefahr, aber für wen? für eine Classe von Uebelthätern, die sich ihnen aussezen wollen: sie seien ruhig, und Gefahr und Schrecken sind für sie nicht mehr da.

Wir würden nie dazu gelangt sein, jenes große Reich der Uebel bis auf einen gewissen Punkt zu unterjochen, wenn wir nicht gelernt hätten, uns einiger Uebel zur Bekämpfung anderer zu bedienen. Wir mußten uns Hülfstruppen unter den Uebeln bilden, um sie andern Uebeln, die von allen Seiten auf uns losstürzten, entgegenzustellen. So ist in der Heilkunde eine andere Art von Uebeln, die Gifte nämlich, vorsichtig angewandt, Heilmittel geworden.

11. Capitel.

Gründe, aus denen gewisse Handlungen für Verbrechen zu erklären sind.

Wir haben das Uebel analysirt, und diese Analyse zeigt, daß es Handlungen gibt, die mehr Uebles als Gutes zur Folge haben; solche Handlungen oder wenigstens solche, die dafür gehalten werden, sind es, die die Gesezgeber verboten haben. Eine verbotene Handlung nennt man ein Verbrechen. Um diesen Verboten Achtung zu verschaffen, hat man die Strafen einführen müssen.

Allein, ist es räthlich, gewisse Handlungen für Verbrechen zu erklären, oder mit andern Worten, ist es räthlich, sie gesezlichen Strafen zu unterwerfen?

Welche Frage! Stimmt die ganze Welt nicht hierin überein? Soll man eine anerkannte Wahrheit zu beweisen suchen, eine Wahrheit, die im Geiste der Menschen so fest gegründet ist?

Die ganze Welt stimmt überein; wohl. Aber worauf beruht diese Uebereinstimmung? Man frage Jeden um seine Gründe. Man wird eine erstaunliche Verschiedenheit der Ansichten und Principien finden; man wird sie nicht allein unter den Völkern finden, sondern auch unter den Philosophen. Ist es nun wohl verlorne Zeit, eine gleichförmige Basis der Uebereinstimmung über einen so wichtigen Gegenstand zu suchen?

Die bestehende Uebereinstimmung beruht nur auf Vorurtheilen, und diese Vorurtheile wechseln nach den Zeiten und den Orten, nach den Meinungen und den Gewohnheiten. Man hat mir immer gesagt, diese Handlung sei ein Verbrechen, und ich glaube, daß sie ein Verbrechen sei: dies ist es, was das Volk, was selbst den Gesezgeber leitet. Aber wenn das Herkommen unschuldige Handlungen für Verbrechen erklärt hat, wenn es leichte Verbrechen als schwere, und schwere als leichte betrachtet, wenn es allenthalben wechselt; so ist klar, daß man es einer Regel unterwerfen muß, und nicht es selber als eine Regel gelten lassen darf. Rufen wir also das Princip der Nüzlichkeit zu Hülfe. Es wird die Entscheidungen des Vorurtheils bestätigen, wo sie richtig, es wird sie verwerfen, wo sie verderblich sind.

Ich seze voraus, daß mir alle Benennungen von Tugend und Laster unbekannt sind. Mein Beruf ist, die menschlichen Handlungen blos hinsichtlich ihrer guten und üblen Wirkungen zu betrachten. Ich werde zwei Rechnungen anlegen. Als reinen Gewinn seze ich alle Lustempfindungen an, als Verlust alle Unlustempfindungen. Ich werde getreu die Interessen aller Parteien wägen; der Mensch, den das Vorurtheil als lasterhaft brandmarkt, derjenige, den es als tugendhaft preiset, sind für den Augenblik gleich vor mir. Ich will über das Vorurtheil selbst Gericht halten, und auf dieser neuen Wage alle Handlungen abwägen, um ein Verzeichniß aller zu erlaubenden und zu verbietenden Handlungen anzufertigen.

Diese Arbeit, die von Anfang so verwickelt scheint, wird leicht werden vermittelst der Unterscheidung, die wir zwischen dem Uebel der ersten, zweiten und dritten Ordnung gemacht haben.

Eine die Sicherheit einer Person angreifende Handlung sei der Gegenstand meiner Untersuchung: Ich vergleiche alle Lust, oder mit andern Worten, allen Vortheil, den diese Handlung ihrem Urheber gewährt, mit allem Uebel oder Verlust, der daraus für die verlezte Person hervorgeht. Ich sehe zuerst, daß das Uebel der ersten Ordnung das Gute der ersten Ordnung überwiegt; aber ich bleibe dabei nicht stehn. Diese Handlung zieht für die Gesellschaft Schrecken und Gefahr nach sich. Jenes Uebel, das von Anfang nur einen Einzigen traf, verbreitet sich auf alle in der Form der Furcht. Die aus der Handlung hervorgehende Lust beschränkt sich immer noch auf Einen, die Unlust erstrekt sich auf tausend, zehntausend, auf alle. Dieses schon so ungeheure Mißverhältniß erscheint mir unendlich, wenn ich zum Uebel der dritten Ordnung übergehe, indem ich in Erwägung ziehe, daß, wenn jene Handlung nicht unterdrükt würde, daraus eine allgemeine und dauernde Entmuthigung entstände, eine Hemmung der Arbeit, und endlich die Auflösung der Gesellschaft.

Ich werde die stärksten Begierden durchgehn, diejenigen, deren Befriedigung mit der größten Lust verknüpft ist, und man wird sehn, daß ihre Befriedigung, wenn sie auf Kosten der Sicherheit geschieht, viel fruchtbarer an Uebeln ist als an Gutem.

I. Nehmen wir zuerst die Feindschaft. Sie ist die fruchtbarste Ursache der Angriffe gegen die Ehre und die Person. Ich habe, gleichgültig wie, Feindschaft gegen Jemanden gefaßt. Die Leidenschaft reißt mich hin; ich beleidige ihn, beschimpfe, verwunde ihn. Der Anblik seines Schmerzes erregt wenigstens eine Zeitlang ein Gefühl der Lust in mir. Aber kann man glauben, daß die Lust, die ich empfinde, selbst auf diese Zeit beschränkt, mit dem Schmerz, den jener erleidet, zu vergleichen sei? Kann mir, wenn auch jedes Atom seines Schmerzes in meinem Geiste sich abbildete, jedes Atom der ihm entsprechenden Lust von derselben Stärke scheinen? und es sind nur einige vereinzelte Atome seines Schmerzes, die meiner zerstreuten und verwirrten Einbildungskraft sich vorstellen: für ihn geht keines verloren, für mich zerstreut sich der größte Theil, ohne mir einen Gewinn zu gewähren. Aber jene Lust, wie groß sie auch sein mag, wird bald ihre natürliche Unreinheit durchdringen lassen. Die Menschlichkeit, ein Princip, das vielleicht nichts selbst in den wildesten Seelen ersticken kann, macht mir in geheim Vorwürfe. Befürchtungen aller Art, Furcht vor Rache, sei es von Seite des Verlezten, sei es von Seiten derer, die in Verbindung mit ihm stehn, Furcht vor der öffentlichen Stimme, religiöse Furcht, wenn noch ein Funke von Religion in mir geblieben, alle diese Befürchtungen stören meine Ruhe und verleiden mir bald meinen Triumph; die Leidenschaft ist erloschen, die Lust geschwunden, der innere Tadel folgt ihr. Aber im Beleidigten dauert der Schmerz noch fort, und kann noch lange fortdauern. Und dies schon bei leichten Wunden, die die Zeit vernarben kann. Wie aber muß es erst in den Fällen sein, wo, in Folge der Natur der Beleidigung selbst, die Wunde unheilbar ist, wenn Glieder verstümmelt worden sind, Gesichtzüge entstellt, Fähigkeiten zerstört. Man wäge die Uebel, ihre Stärke, ihre Dauer, ihre Folgen, man messe sie in allen ihren Dimensionen, und man wird sehn, wie in jedem Sinne die Lustempfindung von der Unlust überwogen wird.

Gehn wir zu der Wirkung der zweiten Ordnung über. Die Nachricht von dem Unglük des Beleidigten wird in alle Gemüther Furcht verbreiten. Jeder, der einen Feind hat oder einen Feind haben kann, denkt mit Schrecken an das, wozu die Leidenschaft des Hasses hinreißen kann. Unter schwachen Wesen, die sich so viel zu beneiden, so viel zu bestreiten haben, unter denen tausend kleine Rivalitäten eine unaufhörliche Spannung unterhalten, hätte der Geist der Rache eine unendliche Reihe von Uebeln zur Folge.

So wird also jede Gewaltthätigkeit, durch eine Leidenschaft erzeugt, deren Princip in allen Herzen ist, und wovon Alle leiden können, ein Schrecken hervorbringen, das fortdauern wird, bis die Bestrafung des Schuldigen die Gefahr auf die Seite der Ungerechtigkeit, der gewaltthätigen Feindschaft gebracht hat. Außer jenen allen gemeinsamen Leiden ist noch eine andre Unlust, die daraus hervorgeht, in Anschlag zu bringen, jene Unlust der Sympathie, die edle Herzen beim Anblik der Verbrechen dieser Art empfinden.

II. Wenn wir nun die Handlungen prüfen, die aus jenem gewaltigen Triebe hervorgehen können, welchem die Natur das Fortbestehen der Gattung und einen großen Theil ihres Glückes anvertraut hat; so werden wir sehn, daß, wenn er die Sicherheit der Person oder das häusliche Lebensverhältniß verlezt, das Gute, das aus seiner Befriedigung entspringt, nicht mit dem daraus entstehenden Uebel zu vergleichen ist.

Ich werde hier nur von dem Angriff reden, der ganz unzweifelhaft die Sicherheit der Person verlezt. Das Dasein dieses Verbrechens darf nicht durch groben und kindischen Scherz geleugnet, und sein Schrecken vermindert werden. Was man auch in dieser Hinsicht sagen könne, selbst die Frauen, die mit ihren Gunstbezeigungen am freigebigsten sind, wollen sich nicht dieselben mit brutaler Wuth rauben lassen. Jedoch alle Erörterung über das ursprüngliche Uebel wird hier überflüssig durch die Größe des Schreckens. Dies ist um so stärker und umfassender, je allgemeiner der Trieb ist, der diesem Verbrechen das Dasein gab. In den Zeiten, wo die Geseze noch nicht Kraft genug hatten, ihn zu bändigen, wo die Sitten noch nicht geregelt genug waren, ihn zu mildern, hat er Rachen veranlaßt, deren Andenken uns die Geschichte aufbewahrt hat. Ganze Nationen nahmen Theil an dem Streite; der Haß vererbte sich von den Vätern auf die Söhne. Es scheint, daß die strenge Einschließung der griechischen Frauen, noch unbekannt zu Homers Zeiten, ihren Ursprung einer Epoche von Unruhen und Umwälzungen verdankte, worin die Schwäche der Geseze die Unordnungen dieser Art vervielfältigt und ein allgemeines Schrecken verbreitet hatte.

III. Was die aus der Habsucht hervorgehenden Verbrechen betrifft, so wird sich bei Abwägung der Lust des gewaltsamen unrechtmässigen Erwerbs und der Unlust des Verlustes ein Uebergewicht der leztern ergeben. Aber es gibt Fälle, wo, wenn man bei den Wirkungen der ersten Ordnung stehn bleibt, das Gute unstreitig das Uebel überwiegt. Betrachtete man das Verbrechen unter diesem Gesichtspunkt allein, so würde kein gültiger Grund anzugeben sein, die Strenge der Geseze zu rechtfertigen. Alles dreht sich hier um das Uebel der zweiten Ordnung: dieses Uebel gibt der Handlung den Charakter des Verbrechens, dieses Uebel erheischt die Strafen. Nehmen wir zum Beispiel den physischen Trieb, der die Befriedigung des Hungers zum Gegenstande hat. Ein Armer, durch dieses Bedürfniß getrieben, stehle in einem reichen Hause ein Brod, das ihm vielleicht das Leben rettet: kann man hier wohl das Gute, das er sich selbst verschafft, dem Verluste, den der Reiche erleidet, gleich sezen? Man kann dieselbe Bemerkung auf weniger auffallende Fälle beziehn. Es beraube Jemand eine öffentliche Kasse: er macht sich reicher und niemanden ärmer. Der Verlust, den er den Einzelnen verursacht, beschränkt sich auf unendlich kleine Theile. Also nicht wegen des Uebels der ersten Ordnung, sondern wegen jenes der zweiten sind diese Handlungen für Verbrechen zu erklären.

Wenn die Lust, die sich an die gegen den Willen der andern Betheiligten erlangte Befriedigung so mächtiger Triebe, wie der Feindschaft, des Geschlechtstriebes, des Hungers knüpft, so weit entfernt ist, der daraus entspringenden Unlust gleich zu kommen, so wird das Mißverhältniß bei weniger drängenden und weniger starken Motiven noch viel größer erscheinen.

Der Trieb der Selbsterhaltung ist der einzige, der noch eine besondere Untersuchung zu erfodern scheint.

Wenn es sich von einem Uebel handelt, das die Geseze selbst einem Individuum auflegen wollen; so bedarf es hiezu eines sehr dringenden Grundes, wie die Nothwendigkeit, die Strafurtheile der Gerichte zu vollziehn: denn ohne die Vollziehung der Strafen würde keine Sicherheit, würde keine Regierung bestehn können. Wird der Trieb sich der Strafe zu entziehn befriedigt, so erscheint das Gesez in diesem Falle ohnmächtig. Das aus dieser Befriedigung entspringende Uebel ist also dasselbe, was aus der Ohnmacht der Geseze, oder, was auf dasselbe hinauskommt, aus der Nichtexistenz jedes Gesezes entspringen würde. Das Uebel aber, das aus der Nichtexistenz der Geseze entspringt, ist in der That die Herbeiziehung aller der Uebel, zu derer Verhinderung die Geseze eingeführt sind, das heißt aller der Uebel, welche die Menschen von Seiten der Menschen erfahren können. Zwar genügt nicht ein einziger Sieg dieser Art, den ein Individuum über die Geseze davon trägt, das ganze System in Ohnmacht zu stürzen. Nichts desto weniger ist jedes Beispiel dieser Art ein Symptom der Schwäche, ein Schritt zu ihrer Vernichtung. Es geht also daraus ein Uebel der zweiten Ordnung hervor, ein Schrecken, wenigstens eine Gefahr; und wenn die Geseze eine solche Handlung zuließen, so würden sie ihren eigenen Zwecken entgegen sein; um ein kleines Uebel zu entfernen, würden sie ein anderes, weit größeres herbeiführen.

Nun sind noch die Fälle übrig, wo der Einzelne ein Uebel, dem die Geseze ihn nicht haben unterwerfen wollen, zurüktreibt. Da sie aber nicht wollen, daß er dies Uebel leide, so wollen sie, daß er es nicht leide. Dies Uebel entfernen ist an sich ein Gutes. Es ist aber möglich, daß jener bei den Anstrengungen, um dasselbe abzuwenden, ein Uebel schaffe, das größer ist als jenes Gute. Beschränkt sich das Uebel, das er zu seiner Selbstvertheidigung bewirkt, auf das, was zu diesem Zwecke nothwendig war, oder geht es darüber hinaus? In welchem Verhältniß steht das Uebel, das er bewirkt hat, zu dem von ihm abgewandten? Ist es gleich, größer oder kleiner? Würde das abgewandte Uebel ein Ersazmittel zugelassen haben, wenn er, statt durch so kostbare Mittel sich dagegen zu vertheidigen, für eine Zeitlang sich ihm unterworfen hätte? Dies sind die factischen Fragen, die das Gesez in Erwägung zu ziehen hat, wenn es erschöpfende Regeln über die Selbstvertheidigung aufstellen will. Sie bilden eine Aufgabe der Criminalgesezgebung, welche dieselbe bei der Untersuchung über die Gründe der Entschuldigung oder Schwächung der Verbrechen zu lösen hat. Hier genügt die Bemerkung, daß in allen diesen Fällen, wie es sich auch mit dem Uebel der ersten Ordnung verhalte, alles Uebel, das Jemand bei der Selbstvertheidigung bewirken kann, kein Schrecken, keine Gefahr hervorbringt. Der Grund ist, daß, wofern er nicht angegriffen und seine Sicherheit gefährdet wird, die anderen Menschen nichts von ihm zu fürchten haben.

12. Capitel.

Von den Gränzen, welche die Moral und die Gesezgebung scheiden.

Die Moral, im Allgemeinen, ist die Kunst, die Handlungen der Menschen so zu lenken, daß sie die größte mögliche Summe von Glük hervorbringen.

Die Gesezgebung muß genau dasselbe Ziel verfolgen.

Obgleich die Moral und die Gesezgebung einen gemeinsamen Zwek haben; hinsichtlich ihres Umfangs sind sie sehr von einander verschieden. Alle Handlungen, sie seien öffentlich, sie seien privat, gehören ins Gebiet der Moral. Sie ist eine Führerin, die den Menschen in allen Einzelheiten seines Lebens, in allen Verhältnissen mit seines Gleichen gleichsam an der Hand führen kann. Die Gesezgebung kann das nicht, und wenn sie es könnte, so dürfte sie nicht eine beständige und unmittelbare Einwirkung auf die Handlungen der Menschen ausüben. Die Moral gebietet jedem Einzelnen, alles das zu thun, was zum Wohl des Gemeinwesens, sein persönliches Wohl einbegriffen, wirket; allein es gibt viele dem Gemeinwesen nüzliche Handlungen, welche die Gesezgebung nicht gebieten darf. Es gibt sogar viele schädliche Handlungen, die sie nicht verbieten darf, obgleich dies die Moral thut. Die Gesezgebung, mit einem Wort, hat zwar denselben Mittelpunkt wie die Moral, nicht aber denselben Umkreis.

Es gibt zwei Gründe dieser Verschiedenheit.

1) Die Gesezgebung kann gradezu auf die Handlungsweise der Menschen nur durch Strafen wirken; nun sind diese Strafen eben so viele Uebel, die nur in sofern zu rechtfertigen sind, als daraus eine größre Summe von Wohl hervorgeht. In vielen Fällen aber, wo man eine

moralische Vorschrift durch eine Strafe verstärken wollte, würde das Uebel des Vergehens geringer sein als das der Strafe: die nothwendigen Mittel zur Vollziehung des Gesezes würden von der Natur sein, daß sie in der Gesellschaft ein Schrecken verbreiteten, welches schädlicher wirken würde, als das Uebel, das man verhüten wollte.

2) Die Gesezgebung wird in ihrem Streben, den Schuldigen zu strafen, oft durch die Gefahr den Unschuldigen zu treffen, gehemmt. Woher kommt diese Gefahr? Aus der Schwierigkeit, das Verbrechen zu definiren, einen klaren und bestimmten Begriff davon zu geben. Zum Beispiel die Härte, die Undankbarkeit, die Treulosigkeit, und andre Laster, welche die moralische Sanction straft, können nicht unter die Herrschaft des Gesezes gezogen werden, weil man davon keine so bestimmte Definition, wie vom Diebstahl, dem Todschlag, dem Meineid geben kann.

Aber um die wahren Gränzen zwischen der Moral und der Gesezgebung besser zu erkennen, müssen wir uns hier der gewöhnlichsten Eintheilung der moralischen Pflichten erinnern.

Die angewandte Moral regelt die Handlungen der Menschen, sowohl diejenigen, wobei er allein interessirt ist, als diejenigen, welche die Interessen Andrer berühren. Was ihn allein interessirt, bildet eine Classe Handlungen, die man (vielleicht in einem uneigentlichen Sinne) Pflichten gegen sich selbst nennt, und die Eigenschaft, die sich durch die Erfüllung dieser Pflichten offenbart, erhält den Namen Klugheit. Der auf die andern Menschen sich beziehende Theil seines Verhaltens bildet eine Classe, die man Pflichten gegen Andre nennt. Nun gibt es aber zwei Arten, das Wohl der Andern zu berücksichtigen, eine negative, indem man sich enthält, es zu vermindern, und eine positive, indem man strebt es zu vermehren: die erste begründet die Rechtschaffenheit, die zweite die Wohlthätigkeit.

Die Moral bedarf in diesen drei Punkten der Hülfe der Geseze, aber weder in gleichem Grade noch auf gleiche Weise.

I. Die Regeln der Klugheit werden fast immer sich selbst genügen. Wenn ein Mensch gegen seine eigne Interessen handelt, so ist dies nicht seinem Willen zuzurechnen, sondern seinem Verstande: nur aus Irrthum kann er sich Schaden zufügen. Die Furcht sich zu schaden ist ein zurükhaltendes Motiv von hinlänglicher Kraft; es würde überflüssig sein, diesem natürlichen Motiv die Furcht vor einer künstlichen Strafe hinzuzufügen.

Das Gegentheil aber, wird man sagen, ist durch die Erfahrung bewiesen; die Ausschweifungen im Spiel, in der Unmässigkeit, der unerlaubte Umgang der Geschlechter, so oft von den größten Gefahren begleitet, zeigen genugsam, daß die Menschen nicht immer Klugheit genug haben, um sich dessen zu enthalten, was ihnen schadet.

Als allgemeine Antwort möge die Bemerkung genügen, daß erstens in den meisten dieser Fälle die Strafe, da man sie zu leicht würde umgehn können, unwirksam, und zweitens, daß das aus dem Strafgesez hervorgehende Uebel weit größer sein würde, als das Uebel des Vergehns.

Man nehme zum Beispiel an, ein Gesezgeber halte es für zweckmässig, durch directe Geseze die Trunkenheit und das Laster der Wollust auszurotten. Er wird mit einer Menge von Verordnungen anfangen müssen. Verwickelung der Geseze: erster sehr großer Uebelstand. Je leichter diese Laster zu verbergen sind, desto schärfer müßten die Strafen sein, um durch das Schrecken des Beispiels der immer aufs neu sich erzeugenden Hoffnung der Ungestraftheit die Wage zu halten. Uebermässige Strenge der Geseze: zweiter nicht minder großer Uebelstand. Die Schwierigkeit sich Beweise zu verschaffen wird so groß sein, daß man Angeber aufmuntern, und ein Heer von Aufsehern wird halten müssen. Nothwendigkeit der Auskundschafter: dritter Uebelstand, schlimmer als die beiden ersten. Man vergleiche nun die guten und schlimmen Wirkungen. Die Vergehn dieser Art, wenn man diesen Namen unklugen Handlungen geben darf, erzeugen kein Schrecken; das angebliche Heilmittel aber wird ein allgemeines Schrecken hervorbringen; unschuldig oder schuldig, Jeder wird für sich und die Seinigen fürchten; die Verdachtsgründe, die Angebungen werden die Gesellschaft gefährlich machen; man wird sich fliehen, man wird geheimnißvoll sein, man wird die Ergiessungen des Vertrauens fürchten Statt ein Laster zu unterdrücken, wird das Gesez neue und weit gefährlichere gesäet haben.

Allerdings kann das Beispiel gewisse Ausschweifungen ansteckend machen, und ein Uebel, das fast unwahrnehmbar wäre, wenn es sich nur von einer kleinen Anzahl von Menschen handelte, kann sehr fühlbar werden durch seinen Umfang. Aber alles, was der Gesezgeber hinsichtlich dieser Vergehn thun kann, besteht darin, daß er sie im Falle einer anstössigen Kundbarkeit einer leichten Strafe unterwerfe: dies genügt, um ihnen einen Anstrich von Ungesezlichkeit zu geben, der die moralische Sanction gegen sie richtet.

Ueberhaupt haben die Gesezgeber in diesem Punkte viel zu viel regiert. Statt sich auf die Klugheit der Menschen zu verlassen, haben sie dieselben wie Kinder oder Sklaven behandelt. Sie haben sich derselben Leidenschaft hingegeben, wie die Gründer der religiösen Orden, welche, um ihrem Ansehn höhern Glanz zu geben, und aus kleinlichem Geiste, ihre Untergebenen in der niedrigsten Abhängigkeit gehalten, und ihnen Tag für Tag, Stunde für Stunde, ihre Beschäftigungen, ihre Nahrungsmittel, ihr Aufstehn und Schlafengehn und alle Kleinigkeiten ihres Verhaltens vorgeschrieben haben. Es gibt berühmte Gesezbücher, worin man eine Menge solcher Vorschriften findet: unnüzen Zwang in Betreff des Heirathens, Strafen gegen die Ehelosigkeit, Prachtgeseze, um die Form der Kleider, die Kosten der Gastmäler, die Möblirung der Häuser, den Schmuk der Frauen zu bestimmen; unendliche Einzelheiten über erlaubte und verbotene Nahrungsmittel, über Abwaschungen dieser oder jener Art, über Reinigungen zum Zwek der Gesundheit oder Reinlichkeit, und tausend ähnliche Kindereien, die zu allen Uebelständen eines unnüzen Zwanges noch den haben, ein Volk dumm zu machen, indem sie jene Absurditäten in einen mysteriösen Schleier hüllen, um ihr Lächerliches zu verbergen.

Aber noch unglüklicher die Staaten, wo man durch Strafgeseze die Einförmigkeit der religiösen Meinungen hat erzwingen wollen. Die Wahl einer Religion muß einzig der Klugheit der Einzelnen überlassen bleiben. Wenn sie überzeugt sind, daß ihr ewiges Glük von einem gewissen Gottesdienst oder einem gewissen Glauben abhängt, was kann der Gesezgeber einem so großen Interesse entgegenstellen? Ich brauche mich nicht bei dieser Wahrheit aufzuhalten: sie ist allgemein anerkannt; allein, indem ich die Grenzen der Gesezgebung zeichne, darf ich diejenigen nicht vergessen, deren Ueberschreitung die gefährlichste ist.

Die allgemeine Regel ist: Lasset den Menschen den größten möglichen Spielraum in allen den Fällen, wo sie nur sich selbst schaden können: denn sie sind die besten Richter ihrer eignen Interessen. Täuschen sie sich, so kann man annehmen, daß sie, sobald sie ihren Irrthum wahrnehmen, nicht darauf beharren werden. Lasset die Macht der Geseze nur einschreiten, um sie zu verhindern, sich unter einander zu schaden. Hier sind sie nothwendig; hier wird die Anwendung von Strafen wahrhaft nüzlich, weil die gegen einen Einzelnen gerichtete Strenge die Sicherheit Aller bewirkt.

II. Es ist wahr, daß zwischen der Klugheit und der Rechtschaffenheit eine natürliche Verbindung stattfindet, das heißt, daß unser wohlverstandenes Interesse uns nie ohne Motiv lassen würde, uns dessen zu enthalten, was unsern Nebenmenschen schadet.

Bleiben wir einen Augenblik bei diesem Punkte stehn. Ich behaupte, daß wir unabhängig von der Religion und den Gesezen immer einige natürliche Motive haben, das heißt, unserm eignen Interesse entnommene, das Wohl eines Andern zu berüksichtigen: 1) das Motiv des reinen Wohlwollens, jenes sanften und süßen Gefühls, dessen Empfindung wir lieben, und das uns Widerwillen einflößt, Leiden zu verursachen; 2) das Motiv der besondren Zuneigung, das im häuslichen Leben und im Kreise unsrer Freunde wirksam ist; 3) das Verlangen nach gutem Ruf und die Furcht vor Tadel. Dies ist eine Art von Berechnung und Handel: man zahlt um Credit zu haben, man ist wahr, um Zutrauen zu gewinnen, man dient, um Dienste wieder zu empfangen. In diesem Sinne sagte ein Mann von Geist: wenn die Rechtschaffenheit nicht existirte, müßte man sie erfinden, um sein Glük zu machen.

Ein über sein Interesse aufgeklärter Mensch wird sich nicht einmal ein verborgenes Verbrechen erlauben, theils aus Furcht, eine schändliche Gewohnheit, die ihn früher oder später verrathen würde, sich anzueignen, theils wegen der alle Freuden verfälschenden Unruhe, welche den durchdringenden Blicken Andrer zu entziehende Geheimnisse in dem Herzen zurük lassen. Alles, was er auf Kosten seiner Sicherheit gewinnen könnte, wird des Preises nicht werth sein, und wenn ihm an der Achtung der Menschen gelegen ist, so ist die beste Gewähr, die er davon haben kann, seine eigne.

Aber um diese Verbindung zwischen dem Interesse Anderer und dem eigenen einzusehn, muß der Verstand aufgeklärt und das Herz frei von verführerischen Leidenschaften sein. Die meisten Menschen haben weder Einsicht, noch Seelenstärke, noch sittliche Empfänglichkeit genug, daß ihre Rechtschaffenheit der Hülfe der Geseze entbehren könnte. Der Gesezgeber muß dies schwache natürliche Interesse durch Beimischung eines kräftiger und beständiger wirkenden künstlichen Interesses verstärken.

Noch mehr: in vielen Fällen beruht die Moral auf dem Geseze d. h. die Entscheidung, ob eine Handlung moralisch schlecht oder gut ist, richtet sich danach, ob die Geseze sie erlauben oder verbieten: so verhält es sich mit allem, was das Eigenthum betrifft. Eine gewisse Art zu verkaufen oder zu erwerben, die in einem Lande der Rechtschaffenheit entgegen ist, würde in einem andern tadellos sein. Dasselbe gilt von den Verbrechen gegen den Staat. Der Staat besteht nur durch die Gesezgebung: man kann also die Pflichten der Moral erst dann aufstellen, wenn man die Einrichtungen des Gesezgebers kennt. Zum Beispiel in einem Staat wäre es ein Verbrechen, sich von einer fremden Macht zum Dienst anwerben zu lassen, während in einem andern dieser Dienst erlaubt und ehrenvoll ist. *)

III. Hinsichtlich der **Wohlthätigkeit** muß man unterscheiden.

Die Gesezgebung kann sich in Beziehung auf allgemeine Gegenstände, wie die Sorge für die Armen u. s.w., ziemlich weit ausdehnen; aber im besondern muß sie es auf die Moralität der Einzelnen ankommen lassen. Die Wohlthätigkeit hat ihre Geheimnisse, und übt sich an so unvorzusehenden und so verborgenen Uebeln, daß das Gesez ihr nicht zu folgen vermöchte. Ueberdies schöpft die Wohlthätigkeit aus dem freien Willen des Einzelnen ihre Energie: könnten die gleichen Handlungen befohlen werden, so würden sie keine Wohlthaten mehr sein, sie würden ihren Reiz und ihre Wesenheit verloren haben. Die Moral und vorzüglich die Religion sind es, die hier die nothwendige Ergänzung der Geseze bilden und das süßeste Band der Menschheit knüpfen.

Indeß, statt in dieser Rüksicht zu viel gethan zu haben, haben die Gesezgeber nicht genug gethan: sie hätten die Verweigrung oder Unterlassung eines Dienstes der Menschlichkeit, wenn er leicht zu leisten ist und diese Verweigrung irgend ein Unglük zur Folge hat, für ein Ver-

*) Hier erhebt sich eine der schwierigsten Fragen: wenn das Gesez nicht so ist, wie es sein soll, wenn es offenbar dem Princip der Nüzlichkeit widerstrebt, muß man ihm gehorchen? soll man es verlezen? soll man neutral bleiben zwischen dem Gesez, das das Uebel befiehlt, und der Moral, die es verbietet? dieses Problem muß eine kluge und wohlwollende Ueberlegung lösen: man muß untersuchen, ob die Verlezung mehr Gefahr mit sich führe als die Befolgung, ob die wahrscheinlichen Uebel des Gehorsams geringer seien, als die wahrscheinlichen Uebel des Ungehorsams.

brechen erklären sollen, z. B. eine verwundete Person auf einem einsamen Wege, ohne Hülfe für sie zu suchen, zu verlassen; Jemanden, der sich mit Bereitung von Gift beschäftigt, nicht anzuzeigen; einem Menschen, der in einen Graben gefallen, woraus er sich selbst nicht herauszuhelfen weiß, nicht die Hand zu reichen: könnte man in allen diesen und ähnlichen Fällen wohl eine Strafe tadeln, die sich darauf beschränkte, den Uebertreter einem gewissen Grade von Schande auszusezen, oder ihn mit seinen Vermögen für das Uebel, das er verhüten konnte, verantwortlich zu machen.

Ich bemerke noch, daß sich die Gesezgebung weiter, als bisher, auf die Interessen der Thiere ausdehnen könnte. Ich billige in dieser Rüksicht nicht die Geseze der Hindus. Es gibt gute Gründe, die Thiere zur Nahrung der Menschen dienen zu lassen, und diejenigen, die uns beschwerlich fallen, zu vernichten: wir stehen besser dabei, und sie nicht viel schlimmer: denn sie haben nicht, wie wir, jene langen und grausamen Vorgefühle des Zukünftigen, und der Tod, den sie von uns empfangen, möchte wohl immer weniger schmerzhaft sein als derjenige, der sie im unvermeidlichen Laufe der Natur erwartet. Aber wie kann man die zwecklose Qual rechtfertigen, die man sie leiden läßt; die grausamen Launen, die man an ihnen übt. Von allen den Gründen, die ich angeben könnte, um solche Grausamkeiten für Verbrechen zu erklären, beschränke ich mich auf denjenigen, der zu meiner Aufgabe in Beziehung steht: es ist ein Mittel, das allgemeine Gefühl des Wohlwollens zu bilden, und die Menschen milder zu machen, oder wenigsten jener brutalen Rohheit zuvorzukommen, die, nachdem sie mit Thieren gespielt hat, sich steigernd, mit menschlichen Schmerzen gesättigt werden will. *)

13. Capitel.

Beispiele falscher Beweisgründe in der Gesezgebung.

Diese Einleitung hat zum Zwecke gehabt, einen deutlichen Begriff vom Princip der Nüzlichkeit zu geben und der Art, wie auf dieses Princip das System der Geseze zu gründen ist. Es geht daraus eine Logik der Gesezgebung hervor, die sich in wenigen Worten zusammenfassen läßt.

Was heißt einen wahren Grund für ein Gesez geben? es heißt Güter oder Uebel anführen, die dieses Gesez hervorzubringen geeignet ist: so viel Güter, so viel Gründe dafür; so viel Uebel, so viel Gründe dagegen. Man muß aber nicht vergessen, daß diese Güter oder Uebel nichts anders sind, als Lust- oder Unlustempfindungen.

Was heißt einen falschen Grund geben? es heißt für oder gegen ein Gesez irgend etwas Anderes anführen, als seine guten oder üblen Wirkungen.

Nichts ist einfacher, und dennoch nichts neuer. Das Princip der Nüzlichkeit ist nicht neu, im Gegentheil es ist nothwendig eben so alt als das Menschengeschlecht. Alles Wahre in der Moral, alles Gute in den Gesezen fließt aus diesem Princip; aber es ist meist aus Instinkt befolgt worden, während es aus Gründen der Theorie bekämpft ward. Wirft es in den Büchern über Gesezgebung

*) Vergl. Barrows Reise nach dem Cap der guten Hoffnung, und die Grausamkeiten der holländischen Colonisten gegen die Thiere und die Sklaven.

hier und da einige Funken, so werden sie bald in dem Rauche erstikt, der sie umgiebt. Beccaria ist der einzige, der ausgenommen zu werden verdient; indeß sind auch in seinem Werke einige aus den falschen Quellen gezogene Schlüsse.

Vor beinah zweitausend Jahren hat Aristoteles unter dem Namen der Sophismen ein vollständiges Verzeichniß der verschieden Arten falsch zu schließen unternommen. Dieses Verzeichniß, vervollkommnet durch die erweiterte Erkenntniß, die ein so langer Zwischenraum darbieten konnte, würde hier seinen Plaz und seine Wirksamkeit finden; allein eine solche Arbeit würde zu weit führen. *) Ich werde mich darauf beschränken, einige der hauptsächlichsten und gewöhnlichsten Irrthümer im Gebiete der Gesezgebung anzugeben. Das Princip der Nüzlichkeit wird durch diesen Contrast in ein helleres Licht gestellt werden.

1. Alter des Gesezes ist kein Grund.

Das Alter des Gesezes kann ein Vorurtheil zu seinen Gunsten erwecken, aber es ist an sich durchaus kein Grund. Hat das Gesez, wovon es sich handelt, zum allgemeinen Wohl beigetragen; so ist es, je länger es bestanden, desto leichter, seine guten Wirkungen darzuthun, und seine Nüzlichkeit direct zu beweisen.

2. Religiöse Autorität ist kein Grund.

Diese Begründungsweise ist in unseren Tagen selten geworden, sie ist aber lange Zeit vorherrschend gewesen. Das Werk von Algernon Sydney ist angefüllt mit Citationen aus dem alten Testament, worin dieser Schriftsteller das System der Democratie begründet findet, wie Bossuet die Gründe der absoluten Gewalt darin gefunden hat. Sydney wollte die Anhänger des göttlichen

---

*) Man sehe des Verfassers Abhandlung von den politischen Sophismen.

Rechts und des leidenden Gehorsams mit ihren eignen Waffen bekämpfen.

Wenn man annimmt, daß ein Gesez von der Gottheit ausgeflossen ist, so nimmt man an, daß es von der höchsten Weisheit und Güte ausgeflossen. Ein solches Gesez kann nur das höchste Wohl der Menschen zum Zwecke haben: es ist also immer dies Wohl, das in Klarheit zu bringen ist, um das Gesez zu rechtfertigen.

3. Vorwurf der Neuerung ist kein Grund.

Jede Neuerung vorwerfen heißt jeden Fortschritt verwerfen: in welchem Zustande würden wir sein wenn man dies Princip von jeher befolgt hätte. Alles was ist hat angefangen, jede Einrichtung ist eine Neuerung gewesen. Die heutzutage ein Gesez als ein altes erhoben, würden es einst als ein neues getadelt haben.

4. Eine willkührliche Definition ist kein Grund.

Nichts ist gewöhnlicher unter den Juristen und politischen Schriftstellern, als Behauptungen und selbst lange Werke auf rein willkührliche Definitionen zu gründen. Der ganze Kunstgriff besteht darin, ein Wort in einem eigenen ganz ungebräuchlichen Sinne zu nehmen, dies Wort anzuwenden als wenn man es niemals angewandt hätte, und den Leser durch einen Schein von Tiefe und Geheimniß zu täuschen.

Montesquieu selbst ist in diesen Fehler gefallen, beim Anfang seines Werkes. Indem er das Gesez definiren will, schreitet er von Metapher zu Metapher: er bringt die disparatesten Gegenstände zusammen, die Gottheit, die materielle Welt, die höheren Intelligenzen, die Thiere und die Menschen. Man erfährt endlich, daß die Geseze Verhältnisse sind, und zwar ewige Verhältnisse. So ist die Definition dunkler als die zu definirende Sache.

Das Wort Gesez, in dem eigentlichen Sinne, erweckt einen ziemlich klaren Begriff in allen Köpfen; das Wort Verhältniß erweckt einen solchen nicht. Das Wort Gesez, in dem figürlichen Sinne, erzeugt nur schwankende Vorstellungen, und Montesquieu, der diese Dunkelheiten hätte zerstreuen sollen, hat sie vermehrt.

Das Zeichen einer falschen Definition ist, daß sie sich nicht auf eine sich gleich bleibende Weise gebrauchen läßt. Ein wenig weiter definirt der Verfasser das Gesez anders: das Gesez im Allgemeinen, sagt er, ist die menschliche Vernunft, sofern sie die Völker der Erde regiert. Die Ausdrücke scheinen bekannter, allein sie geben keinen klaren Begriff. Folgt daraus, daß so viele sich widersprechende, oder barbarische oder unsinnige Geseze, in einem immerwährenden Zustande der Verändrung, immer die menschliche Vernunft seien? Mir scheint, daß die Vernunft, weit entfernt das Gesez zu sein, oft mit demselben in Widerspruch steht.

Dies erste Capitel von Montesquieu hat viel Gallimathias hervorgebracht. Man hat sich den Kopf zerbrochen, um metaphysische Geheimnisse zu finden, wo keine waren. Beccaria selbst hat sich von jenem dunklen Begriff der Verhältnisse hinreißen lassen. Einen Menschen fragen, ob er unschuldig oder schuldig sei, heißt ihn zwingen, sagt er, sich selbst anzuklagen. Dies Verfahren beleidigt ihn, und warum? weil es, nach ihm, ein Durcheinanderwerfen aller Verhältnisse ist. *) Was will dies sagen? Genießen, leiden, Lust erregen, Unlust erregen, das sind Ausdrücke, deren Sinn ich verstehe; aber Verhältnissen folgen, Verhältnisse durcheinander werfen, das ist etwas, wovon ich mir gar keinen Begriff bilden kann. Diese abstracten Ausdrücke erwecken keine

*) Cap. XII.

Idee, kein Gefühl in mir. Diese Verhältnisse lassen mich ganz und gar gleichgültig; — die Lust- und Unlustempfindungen erwecken die lebhafteste Theilnahme in mir.

Rousseau ist mit jener Definition von Montesquieu nicht zufrieden gewesen; er hat eine eigene gegeben, die er als eine große Entdeckung ankündigt. Das Gesez, sagt er, ist der Ausdruk des allgemeinen Willens. Es gibt also überall keine Geseze, wo das Volk in Masse nicht geredet hat; es gibt also nur in einer absoluten Democratie Geseze: er hat durch dies höchste Decret alle bestehenden Geseze umgestoßen, er hat alle, die sich in der Folge bei allen Völkern der Welt, ausgenommen vielleicht die Republik Saint-Marin, bilden werden, für nichtig erklärt.

5. Eine Metapher ist kein Grund.

Ich verstehe hierunter theils eine Metapher im eigentlichen Sinne, theils eine Allegorie, deren man sich Anfangs bedient, um die Rede klarer zu machen oder zu schmücken, und die allmählig die Basis eines Beweises wird.

Blackstone, *) ein so großer Feind aller Neuerung, daß er sogar die Einführung der englischen Sprache in die Rapporte der Gerichtshöfe getadelt, hat nichts vernachlässigt, um dasselbe Vorurtheil seinen Lesern einzuflößen. Er stellt das Gesez als eine Burg, als eine Feste vor, woran man nichts ändern könne, ohne sie zu schwächen. Zwar gibt er diese Metapher nicht als Grund; aber warum braucht er sie? Um sich der Einbildungskraft zu bemächtigen, um seine Leser gegen jede Idee von Reform zum voraus einzunehmen, um ihnen ein blindes Schrecken vor jeder Neuerung in den Gesezen einzujagen. Es bleibt in dem Geiste eine falsche Vorstellung, die dieselbe Wirkung hat wie eine falsche Begründung.

*) 3. Comm. C. XVII.

Er hätte wenigstens daran denken sollen, daß man jene Allegorie gegen ihn selbst wenden könnte. Wenn er aus dem Geseze ein Schloß macht, ist es nicht natürlich, daß ruinirte Prozeßführer es sich als bevölkert von Harpyen vorstellen?

Das Haus eines Menschen, sagen die Engländer, ist seine Burg. Ein poetischer Ausdruk ist kein Grund; denn wenn das Haus eines Menschen Nachts seine Burg ist, warum nicht im Tage? Wenn es ein unverlezbares Asyl für den Eigenthümer ist, warum nicht für jede andre Person, die er darin aufzunehmen für gut findet? Der Lauf der Justiz wird in England durch diese kindische Idee von Freiheit bisweilen gehemmt; es scheint, daß die Verbrecher, wie die Füchse, zum Vergnügen der Jäger ihre Löcher haben müssen.

Eine Kirche ist in katholischen Ländern das Haus Gottes. Diese Metapher hat dazu gedient, die Kirchen zu Asylen für Verbrecher zu machen. Man hielt es für einen Mangel an Ehrfurcht vor Gott, diejenigen, die in sein Haus sich geflüchtet, mit Gewalt heraus zu ziehn.

Die Bilanz des Handels hat eine Menge auf diese Metapher gegründeter Urtheile hervorgebracht. Man hat geglaubt, die Völker steigen und sinken zu sehn in ihrem wechselseitigen Handel, wie Wagschalen, mit ungleichen Gewichten belastet. Man hat sich über alles beunruhigt, was man als einen Mangel des Gleichgewichtes betrachtete; man bildete sich ein, was das eine Volk gewänne, verlöre das andere, wie wenn man aus der einen Wagschale etwas genommen, um es in die andere zu legen.

Das Wort Mutterstaat hat eine große Anzahl von Vorurtheilen und falschen Folgerungen in allen die Colonien und die Mutterländer betreffenden Fragen veranlaßt.

Man legte den Colonien Pflichten auf, gab ihnen Verbrechen schuld, die man blos auf die Metapher ihrer töchterlichen Abhängigkeit gründete.

6. Eine Fiction ist kein Grund:

Unter Fiction verstehe ich eine augenscheinlich falsche Thatsache, worauf man Behauptungen gründet, als wenn sie wahr wäre.

Der berühmte Cocceji, Redacteur des Codex Friedericianus, gibt ein Beispiel dieser Begründungsweise in der Lehre von den Testamenten. Nachdem er viele Worte über das natürliche Recht gemacht, billigt er, daß der Gesezgeber dem Einzelnen das Recht zu testiren läßt. Warum? Weil der Erbe und der Verstorbene nur eine und dieselbe Person seien, und folglich der Erbe fortfahren müsse, das Eigenthumsrecht des Verstorbenen zu besizen. (Cod. Fried. II. p. 156.)

Die englischen Juristen, um die Confiscation des Vermögens in gewissen Fällen zu rechtfertigen, haben sich einer ähnlichen Begründung bedient. Sie haben eine Verunreinigung des Blutes erdichtet, die den Lauf der gesezlichen Erbfolge aufhalte. Es ist Jemand wegen Hochverraths mit dem Tode bestraft worden: der unschuldige Sohn ist nicht nur der Güter seines Vaters beraubt, er kann auch nicht einmal seinen Großvater beerben, weil der Canal, wodurch das Vermögen auf ihn übergehn müßte, verunreinigt worden ist. Diese Fiction einer politischen Erbsünde dient diesem ganzen Rechtspunkte zur Basis. Aber warum bleibt man hier stehn? Ist das Blut verderbt, warum zerstört man nicht die schlechten Sprößlinge eines verbrecherischen Stammes?

In dem siebenten Capitel des ersten Buches, wo er von dem königlichen Ansehn spricht, hat sich Blakstone ganz und gar dem kindischen Spiel mit Fictionen hingegeben.

Der König hat seine Attribute, er ist allgegenwärtig, allvollkommen, unsterblich.

Diese lächerlichen Paradoxen, Früchte einer servilen Gesinnung, weit entfernt richtigere Ideen über die Prärogativen der königlichen Gewalt zu geben, dienen nur zu täuschen, irre zu führen, der Wirklichkeit selbst einen Schein von Erdichtetem und Wunderbarem zu geben. Sie sind nicht bloße Spiele des Wizes; sie bilden die Grundlage mehrerer Folgerungen. Er bedient sich ihrer zur Erklärung königlicher Prärogative, die durch sehr gute Gründe gerechtfertigt werden könnten, ohne zu bedenken, daß man der besten Sache schadet, wenn man sie durch schlechte Argumente zu unterstüzen sucht. Die Richter, sagt er anderswo, sind Spiegel, worin das Bild des Königs reflectirt wird. Welche Kinderei! Sezt man dadurch nicht der Gefahr lächerlich zu werden selbst diejenigen Gegenstände aus, worauf man den größten Glanz zu werfen beabsichtigt?

Aber es gibt kühnere und wichtigere Fictionen, die eine große Rolle in der Politik gespielt, und berühmte Werke hervorgebracht haben: es sind die Verträge.

Der Leviathan des Hobbes, heutzutage wenig gekannt und vom Vorurtheil als der Codex des Despotismus verabscheut, gründet die ganze politische Gesellschaft auf einen angeblichen Vertrag zwischen dem Volk und dem Fürsten. In diesem Vertrag hat das Volk auf seine natürliche Freiheit, die nichts als Uebel hervorbrachte, verzichtet, und seine ganze Macht in die Hände des Fürsten gegeben. Was er will, ist der Wille aller seiner Unterthanen. Als David den Urias tödten ließ, that er dies mit des Urias Einwilligung; Urias hatte in Alles eingewilligt, was David über ihn verfügen konnte. Der Fürst kann nach seinem System wohl gegen Gott sündigen, nicht aber gegen die Menschen, weil Alles, was er thut, aus der allgemeinen Einwilligung hervorgeht. Man kann nicht den Gedanken haben, ihm zu widerstehn, weil derselbe den Widerspruch, sich selbst zu widerstehn, enthält.

Locke, dessen Name den Anhängern der Freiheit so lieb ist, wie der des Hobbes ihnen verhaßt, hat ebenfalls als Basis der Regierung einen Vertrag angenommen. Er versichert, daß ein Vertrag zwischen dem Fürsten und dem Volke existire, daß der Fürst sich verpflichtet habe, nach den Gesezen zum allgemeinen Besten zu regieren, und das Volk, von seiner Seite, so lange zu gehorchen, als der Fürst den Bedingungen, unter denen er die Krone empfangen, getreu bleibt.

Rousseau hat mit Unwillen die Idee von diesem zweiseitigen Vertrag zwischen dem Fürsten und dem Volk verworfen. Er hat einen Gesellschaftsvertrag erdichtet, wodurch sich Alle gegen Alle verbindlich machen, und der die einzige rechtmäßige Basis der Regierungen ist. Die Gesellschaft besteht nur durch diese freie Uebereinkunft der Mitglieder.

Was diese so entgegengesezten Systeme gemein haben, besteht darin, daß sie die ganze politische Theorie mit einer Fiction anfangen. Alle drei finden sich nur in der Einbildung ihrer Urheber. Nicht allein findet man keine Spur davon in der Geschichte, sondern diese liefert überall die Beweise des Gegentheils.

Jener Vertrag des Hobbes ist eine augenscheinliche Lüge. Der Despotismus ist überall das Resultat der Gewalt und falscher religiöser Ideen gewesen. Existirt ein Volk, das durch einen öffentlichen Act die höchste Gewalt seinem Fürsten übergeben hat; so hat es damit nicht ausgedrükt, daß es sich allen grausamen und bizarren Willensäuße=

rungen des Souveräns unterwerfe. Der sonderbare Act des Dänischen Volkes im Jahr 1660 enthält wesentliche Clauseln, die die höchste Gewalt beschränken.

Der Contrat social von Rousseau ist nicht so streng beurtheilt worden, weil sich die Menschen leicht mit der Logik eines Systems versöhnen, das alles dasjenige aufstellt, was ihnen am liebsten ist, die Freiheit und die Gleichheit. Aber wo hat diese allgemeine Uebereinkunft sich gebildet? Welche sind die Bedingungen? In welcher Sprache ist sie abgefaßt? Warum ist sie immer unbekannt geblieben? Haben sie zu der Zeit, da sie aus den Wäldern herausschritten, und das wilde Leben verließen, jene großen Ideen über Moral und Politik gehabt, worauf diese ursprüngliche Uebereinkunft gegründet ist?

Der Vertrag des Locke hat mehr Schein der Wahrheit, weil es in der That Monarchien gibt, worin der Fürst bei Besteigung des Thrones einige Verpflichtungen übernimmt, und Versprechungen von Seiten des von ihm zu regierenden Volkes erhält.

Indeß auch dieser Vertrag ist eine Fiction. Die Wesenheit eines Vertrags besteht in der freien Uebereinstimmung der betheiligten Parteien. Er sezt voraus, daß der ganze Inhalt des Versprechens genau bestimmt und bekannt ist. Steht es nun auch dem Fürsten bei seiner Thronbesteigung frei, anzunehmen oder nicht anzunehmen, hat das Volk gleiche Freiheit? Bilden einige unbestimmte Zurufungen schon eine individuelle und universelle Einwilligung? Kann dieser Vertrag eine Menge Einzelner binden, die niemals davon reden gehört, die nicht dazu berufen worden, ihn zu sanctioniren, und die ihre Einwilligung nicht hätten versagen gekonnt, ohne Vermögen und Leben in Gefahr zu bringen. Ueberdies, in den meisten Monarchien hat dieser vorgebliche Vertrag nicht einmal diesen schwachen Schein der Wirklichkeit. Man bemerkt nicht den Schatten eines Vertrages zwischen den Fürsten und den Völkern.

Man darf nicht das Glük des menschlichen Geschlechts von einer Fiction abhangen lassen. Man darf nicht die Pyramide der Gesellschaft auf Sand und auf einen Thon, der zusammenstürzt, erheben. Lasse man Kindern diese Spiele: Männer müssen die Sprache der Wahrheit und der Vernunft reden.

Das wahre politische Band ist von dem großen Interesse der Menschen, eine Regierung aufrecht zu erhalten, geflochten. Ohne Regierung keine Sicherheit, keine Familie, kein Eigenthum, keine Industrie. Hierin ist die Grundlage aller Regierungen zu suchen, wie auch ihr Ursprung und ihre Form sei; nur indem man sie mit ihrem Zwecke vergleicht, kann man über ihre Rechte und Pflichten gründlich sprechen, ohne daß man seine Zuflucht zu Verträgen zu nehmen braucht, die nur dazu dienen, unendliche Streitigkeiten hervorzubringen.

7. Ein phantastischer Grund ist kein Grund.

Nichts ist gewöhnlicher, als daß man sagt: die Vernunft will, die ewige Vernunft gebietet, u. s. w.; aber was ist diese Vernunft? Wenn sie nicht die klare Vorstellung eines Gutes oder eines Uebels ist, so ist sie eine Phantasie, ein Despotismus, der nur die innere Ueberzeugung des Redenden ankündet.

Prüfen wir, wie ein berühmter Jurist die väterliche Gewalt hat begründen wollen. Ein Mensch von gesundem Sinne würde in dieser Frage keine Schwierigkeit finden; aber ein Gelehrter muß überall irgend ein Geheimniß finden.

Die Gewalt eines Vaters über seine Kinder, sagt Cocceji, beruht auf der Vernunft; denn 1) die Kinder sind in dem Hause geboren, dessen Herr der Vater ist; 2) sie sind in einer Familie geboren, deren Haupt er ist; 3) sie sind von seinem Samen und ein Theil seines Körpers. Dies sind die Gründe, woraus er unter andern Dingen schließt, daß ein Mensch von vierzig Jahren zu seiner Heirath der Einwilligung eines aberwizigen Alten bedürfe. Was diesen dreien Gründen gemeinsam ist, besteht darin, daß sich keiner auf das Interesse der Parteien bezieht: der Verfasser berüksichtigt weder das Interesse der Väter noch das der Kinder.

Die väterliche Gewalt ist vor allem ein Ausdruk, der der Richtigkeit ermangelt: es handelt sich durchaus nicht von einem unbegränzten, untheilbaren Recht: es gibt mehrere Arten von Rechten, die man dem Vater zusprechen oder absprechen kann, jedes wegen besondrer Gründe.

Der zuerst angeführte Grund beruht auf einem Factum, das sich nur zufällig ereignet hat. Ein Reisender habe Kinder, die in einem Gasthause, in einem Schiffe oder in dem Hause eines Freundes geboren seien: die erste Basis der väterlichen Gewalt würde hier also für den Vater nicht vorhanden sein. Die Kinder eines Hausdieners, eines Soldaten würden ihrem Vater nicht unterworfen sein können, sondern demjenigen, in dessen Hause sie geboren worden.

Der zweite Grund hat gar keinen bestimmten Sinn, er sei denn eine Wiederholung des ersten. Ist das Kind eines Menschen, der in dem Hause seines Vaters, seines älteren Bruders oder seines Patrons bleibt, in einer Familie geboren, dessen Haupt sein Vater ist?

Der dritte Grund ist eben so schlecht als wenig anständig. Das Kind ist von seinem Samen und ein Theil seines Körpers: wenn das der Grund eines Rechtes ist, so muß man die Gewalt der Mutter gar sehr über jene des Vaters sezen.

Bemerken wir hier eine wesentliche Verschiedenheit zwischen den falschen Principien und dem wahren. Das Princip der Nüzlichkeit, nur das Interesse der Parteien erstrebend, biegt sich nach den Umständen und paßt sich allen Bedürfnissen an. Die falschen Principien, auf anderen dem Interesse der Individuen fremden Gründen beruhend, würden unbeugsam sein, wenn sie consequent wären. Dies ist der Character jenes auf die Geburt gegründeten vorgeblichen Rechtes. Der Sohn gehört natürlich dem Vater, weil der Stoff, woraus der Sohn gebildet ist, ehmals in dem Blute des Vaters circulirt hat: mache er ihn auch unglüklich, das kommt nicht in Anschlag: man kann nicht sein Recht vernichten, da es einmal nicht zu ändern, daß sein Sohn sein Sohn ist. Das Saatkorn, woraus dein Körper sich gebildet, wuchs ehmals auf meinem Felde: ist es möglich, daß du nicht mein Sklave seist?

8. Antipathie und Sympathie sind keine Gründe:

Die Antipathie wirkt vorzüglich im Gebiete des Strafrechts: Antipathien gegen Handlungen, die man als Verbrechen, Antipathien gegen Individuen, die man als Verbrecher ansieht, Antipathien gegen die Diener der Justiz, Antipathien gegen diese oder jene Strafe. Dies falsche Princip, das wie ein Tyrann in jenem großen Gebiet der Gesezgebung herrschte, hat zuerst Beccaria anzugreifen gewagt; er hat es zwar vom angemaßten Throne geworfen, allein seine Stelle nicht zu ersezen vermocht.

Es ist das Princip der Antipathie, unter dessen Herrschaft man von einem Verbrechen sagt, daß es eine

Strafe verdiene; es ist das ihm entsprechende der Sympathie, unter dessen Herrschaft man eine Handlung als eine Belohnung verdienende betrachtet: dies Wort verdienen kann nur zu Leidenschaften und zu Irrthümern führen. Nur die guten und schlimmen Wirkungen sind in Betracht zu ziehn.

Wenn ich aber behaupte, daß die Antipathien und Sympathien keine Gründe seien; so verstehe ich darunter die des Gesezgebers: denn die Antipathien und Sympathien der Völker können allerdings Gründe und zwar sehr mächtige bilden. Mögen Religion, Geseze, Sitten auch bizarr oder gefährlich sein: es genügt, daß sie den Völkern durch Gewohnheit lieb geworden. Die Stärke ihres Vorurtheils ist der Maßstab der Schonung, die ihnen gebührt. Wer einen chimärischen Genuß, eine chimärische Hoffnung raubt, bewirkt dasselbe Uebel, als wenn er einen wirklichen Genuß, eine wirkliche Hoffnung raubte. Das Schmerzgefühl Einzelner wird alsdann durch Sympathie das Schmerzgefühl Aller. Hieraus geht eine Menge von Uebeln hervor: Antipathie gegen das Gesez, das dies allgemeine Vorurtheil verlezt; Antipathie gegen die gesammte Gesezgebung, wovon jenes einen Theil ausmacht; Antipathie gegen die Regierung, die sie vollziehn läßt; Geneigtheit zu ihrer Vollziehung nichts beizutragen; Geneigtheit, sich ihr heimlich, Geneigtheit, sich ihr offen und gewaltsam zu widersezen; Geneigtheit, die Regierung denen zu entreißen, die dem Willen des Volkes hartnäckig entgegenstreben: — Uebel, welche die Verbrechen herbeiführen, deren Gesammtheit das traurige Ganze bildet, was man Aufruhr, Bürgerkrieg nennt; Uebel, welche die Strafen herbeiführen, zu denen man seine Zuflucht nehmen muß, um ihnen ein Ende zu machen. Dies ist die Verkettung der betrübenden Folgen, die aus dem Widerstreben gegen eine Phantasie immer bereit sind hervorzugehn. Der Gesezgeber muß also der Gewalt eines Stromes nachgeben, der alles mit sich fortreißt, was sich ihm entgegenstellt. Indeß darf nicht unbemerkt bleiben, daß es nicht jene Fantasien sind, die den bestimmenden Grund des Gesezgebers bilden, sondern die Uebel, womit sie drohen, wenn sie bekämpft werden. Muß der Gesezgeber aber Sklav der Phantasien derer sein, die er regiert? — Nein. Zwischen einem unklugen Widerstreben und einer knechtischen Nachgiebigkeit gibt es eine ehrenvolle und sichere Mitte: er bekämpfe diese Phantasien mit den einzigen Waffen, die sie besiegen können, mit den Waffen des Beispiels und der Belehrung: er kläre das Volk auf, er wende sich an die Vernunft desselben, er lasse sich Zeit, den Irrthum zu entlarven. Die wahren Gründe, klar dargestellt, werden nothwendig stärker sein, als die falschen. Der Gesezgeber wolle aber nicht zu direct mit seinen Belehrungen wirken, indem er seine Würde im Streite gegen die öffentliche Unwissenheit in Gefahr sezen würde. Die indirecten Mittel entsprechen besser seinem Zwecke.

Uebrigens ist zu viel Nachgiebigkeit gegen die Vorurtheile ein gewöhnlicherer Fehler, als das entgegengesezte Uebermaß. Die besten Entwürfe zu Gesezen scheitern an der Einwendung: „Das Vorurtheil ist dagegen"; „man würde bei der Menge anstoßen." — Aber wie weiß man das? Wie hat man die öffentliche Meinung erforscht? Wer ist ihr Organ? Hat das Volk nur eine gleichförmige Denkart? Hat das ganze Volk dieselbe Vorstellung, auch die neunzehn Zwanzigstel, die man nie darüber gehört? Ueberdies, hat die Menge sich getäuscht, ist sie verdammt, ewig in dem Irrthum zu bleiben? Werden die Einbildungen, welche die Finsterniß erzeugt hat, nicht schwinden beim hellen Tage, Verlangt man, daß das Volk den hellen Sinn gehabt haben müßte, bevor Gesezgeber und Philosophen ihn hatten? Hat man nicht Beispiele von andern Völkern, die sich aus derselben Unwissenheit erhoben, und wo man über dieselben Hindernisse gesiegt hat?

Endlich, die Vorurtheile des Volkes dienen minder häufig zu Motiven als zu Vorwänden. Sie bieten einen bequemen Paß für den Unverstand der Staatsmänner. Die Unwissenheit des Volkes ist das Lieblingsargument ihrer Kleinmüthigkeit und ihrer Trägheit, während die wahren Motive jene Vorurtheile sind, wovon sie sich selbst nicht haben befreien können. Der Name des Volkes ist eine falsche Signatur, um seine Leiter zu rechtfertigen.

9. Eine petitio principii ist kein Grund.

Die petitio principii ist eines der Sophismata, auf welche Aristoteles hingedeutet hat; aber sie ist ein Proteus, der unter mehreren Gestalten wieder zum Vorschein kommt, und sich listig zu verhüllen weiß.

Die petitio principii, oder vielmehr usurpatio principii besteht darin, sich eben des Sazes, der streitig ist, so zu bedienen, als wenn er schon bewiesen wäre.

Diese falsche Begründungsweise schleicht sich in die Moral und in die Gesezgebung unter der Hülle von Ausdrücken des Gefühls oder der Leidenschaft.

Die Ausdrücke des Gefühls oder der Leidenschaft sind diejenigen, die außer ihrem Hauptsinn eine Nebenidee von Billigung oder Mißbilligung mit sich führen. Neutrale Ausdrücke nenne ich diejenigen, welche die vorgestellte Sache einfach ausdrücken, ohne zugleich die Vorstellung von etwas Gutem oder Uebelm zu erwecken, ohne irgend eine ihr fremde Idee von Mißbilligung oder Billigung mit sich zu führen.

Nun ist zu bemerken, daß ein leidenschaftlicher Ausdruk ein nicht ausgesprochenes aber darunter verstandenes Urtheil in sich schließt, welches den Gebrauch des Wortes ohne Wissen derer, die es brauchen, immer begleitet: dies stillschweigend verstandene Urtheil ist Billigung oder Mißbilligung, jedoch unklar und unbestimmt.

Wenn ich nun eine dem Begriff der Nüzlichkeit untergeordnete Vorstellung mit einem Ausdruk zu verbinden genöthigt bin, der gewöhlich eine Nebenidee des Tadelhaften mit sich führt; so scheine ich ein Paradoxon aufzustellen, und mit mir selbst in Widerspruch zu gerathen.

Will ich zum Beispiel sagen, dieser oder jener Gegenstand des Luxus sei gut; so erregt dies Urtheil bei denjenigen Verwunderung, die gewohnt sind, an das Wort Luxus ein Gefühl der Mißbilligung zu knüpfen.

Was muß ich nun thun, um diesen besondern Punkt zu untersuchen ohne jene gefährliche Vergesellschaftung der Vorstellungen zu veranlassen? Ich muß meine Zuflucht nehmen zu einem neutralen Ausdruk; ich werde zum Beispiel sagen: diese oder jene Art sein Einkommen zu verwenden ist gut u. s. w. Diese Wendung findet durchaus kein Vorurtheil gegen sich und erlaubt eine unbefangene Untersuchung des in Frage stehenden Gegenstandes.

Als Helvetius den Grundsaz aufstellte, daß alle Handlungen das Interesse zum Motiv hätten, erhob man sich gegen ihn, selbst ohne ihn anhören zu wollen. Warum? Weil das Wort Interesse einen gehässigen Sinn hatte, eine vulgäre Bedeutung, worin es jedes Motiv der reinen Zuneigung und des reinen Wohlwollens auszuschließen schien.

Wie viele Behauptungen sind nicht im Gebiete der Politik blos auf leidenschaftliche Ausdrücke gegründet worden?

Man glaubt einen Grund zu Gunsten eines Gesezes zu geben, wenn man sagt, es sei dem Princip der Monarchie oder der Democratie gemäß; allein dies sagt nichts. Wenn es Personen gibt, für welche diese Wörter mit Nebenideen der Billigung verknüpft sind; so gibt es andre, die entgegengesezte Ideen damit verbinden. Lassen sich nun diese beiden Parteien in einen Streit ein; so kann dieser nur mit der Ermattung der Streitenden enden; denn um eine wahrhafte Untersuchung zu beginnen, müssen sie auf jene leidenschaftlichen Ausdrücke Verzicht leisten, und die guten und üblen Wirkungen des Gesezes, wovon es sich handelt, berechnen.

Blakstone bewundert in der brittischen Verfassung die Vereinigung der drei Regierungsformen, und schließt daraus, das sie alle Eigenschaften der Monarchie, Aristocratie und Democratie zusammen besizen müsse. Wie sah er aber nicht, daß, ohne etwas an seinem Räsonnement zu ändern, man daraus einen ganz entgegengesezten und eben so richtigen Schluß ziehen könnte: nämlich, daß die brittische Verfassung alle der Monarchie, Aristocratie und Democratie eigenthümliche Fehler besizen müsse?

An das Wort Unabhängigkeit sind Nebenvorstellungen von Würde und Tugend, an das Wort Abhängigkeit Nebenvorstellungen von Niedrigkeit und Sittenverderbniß geknüpft. Hiernach bewundern die Lobredner der brittischen Verfassung die Unabhängigkeit der drei Gewalten, welche die Gesezgebung bilden: in ihren Augen ist sie ein Meisterstük der Politik, der schönste Zug dieser Regierung. Von der andern Seiten ermangeln die Tadler derselben Verfassung nicht, sich auf die Abhängigkeit des einen oder andren Zweiges dieser Gewalten zu stüzen. Weder das Lob noch der Tadel enthalten Gründe.

Die Unabhängigkeit existirt wirklich nur in der Einbildung. Haben nicht der König und der größte Theil der Lords einen unmittelbaren Einfluß auf die Wahl der Kammern der Gemeinen? Hat der König nicht die Macht, sie in einem Augenblik aufzulösen, und ist diese Macht nicht sehr wirksam? Uebt der König nicht einen unmittelbaren Einfluß aus durch die Ehrenstellen und die gewinnbringenden Aemter, die er gibt und nimmt nach seiner Willkühr? Auf der andern Seite, befindet sich nicht der König in der Abhängigkeit von den beiden Kammern, und insbesondre von jener der Gemeinen, da er sich ohne Geld und Armee nicht würde halten können, und da diese beiden Hauptgegenstände ganz und gar in die Gewalt der Deputirten der Nation gegeben sind? Ist die Kammer der Pairs unabhängig, wenn der König die Zahl derselben willkührlich vermehren, die Stimmen zu seinen Gunsten durch Hinzufügung neuer Lords wenden kann, und wenn er einen andern Einfluß ausübt durch die Aussichten auf Rang und Beförderung in dem Corps der Pairie, und durch kirchliche Beförderungen auf der Bank der Bischöfe?

Anstatt unsre Schlüsse auf ein trügerisches Wort zu gründen, betrachten wir die Wirkungen. Es ist die gegenseitige Abhängigkeit dieser drei Gewalten, die ihre Einigkeit hervorbringt, die sie festen Regeln unterwirft, die ihnen einen systematischen und gehaltenen Gang gibt. Daher die Nothwendigkeit, sich zu achten, sich zu beobachten, sich zu schonen, sich nachzugeben, sich zu versöhnen. Wären sie durchaus unabhängig, so würden sie sich beständig einander befeinden. Man würde oft gewaltthätige Maßregeln ergreifen müssen, und alsbald würde man zur reinen Democratie d. h. zur Anarchie gelangen.

Ich kann mich nicht enthalten, noch zwei Beispiele jenes Irrthums zu geben, eine Beweisführung auf täuschende Wörter zu gründen.

Macht man eine politische Theorie der Volksrepräsentation, so gelangt man, festhaltend an dem, was eine natürliche Folge dieser abstracten Idee ist, bald zu dem Beweise, daß Allen das Recht zu stimmen zu Theil werden müsse; und von Folge zu Folge gelangt man ebenfalls zu dem Beweise, daß die Repräsentanten so häufig als möglich zu erneuern seien, damit die Volksrepräsentation ihren Namen verdiene.

Um diese Frage dem Princip der Nüzlichkeit zu unterwerfen, muß man nicht das Wort seiner Beweisführung zu Grunde legen, sondern man muß einzig und allein die Wirkungen in Betracht ziehn. Handelt es sich davon, eine gesezgebende Versammlung zu wählen; so muß man das Wahlrecht nur denen ertheilen, von welchen man vermuthen kann, daß sie in Beziehung auf die Ausübung desselben das Zutrauen des Volkes haben.

Wahlen, durch Menschen vorgenommen, die nicht das Zutrauen des Volkes haben können, würden sein Zutrauen in die gesezgebende Versammlung schwächen.

Diejenigen können aber das Zutrauen des Volkes nicht haben, bei denen sich die politische Unbestechbarkeit und der Grad der nothwendigen Geistesbildung nicht voraussezen läßt.

Die politische Unbestechbarkeit läßt sich nicht bei denen voraussezen, die die Dürftigkeit der Versuchung sich zu verkaufen aussezt, die keinen festen Wohnsiz haben, die wegen gewisser gesezlich bestimmten Vergehen bestraft worden sind.

Der Grad der nöthigen Geistesbildung läßt sich nicht voraussezen bei den Frauen, die das häusliche Leben der Behandlung von Staatsgeschäften entfremdet, bei den Kindern und Erwachsenen unter einem gewissen Alter, bei denen, die durch Armuth der ersten Elemente der Erziehung beraubt sind u. s. w.

Nach diesen Principien und andern ähnlichen muß man die nothwendigen Bedingungen festsezen, um Wähler zu sein, und auf gleiche Weise muß man sich bei Festsezung der Dauer der gesezgebenden Versammlung durch die Vortheile und Nachtheile der Erneuerung bestimmen lassen, ohne den einem abstracten Ausdruk entnommenen Betrachtungen einen Einfluß zu gestatten.

Das lezte Beispiel, das ich anzuführen habe, bieten mir die Verträge dar, das heißt, jene verschiedenen politischen Fictionen, die man sich unter dem Namen von Verträgen eingebildet hat. Ich habe sie schon als Fictionen verdammt, ich verdamme sie auch als petitiones principii.

Wenn Locke oder Rousseau auf den Grund dieses vorgeblichen Vertrages Behauptungen aufstellen; wenn sie versichern, der politische oder sociale Vertrag enthalte diese oder jene Klausel, können sie dies anders beweisen, als durch die allgemeine Nüzlichkeit, die daraus hervorgehn soll? Geben wir ihnen einmal zu, daß es mit diesen Verträgen seine volle Richtigkeit habe. Wovon hängt ihre Kraft ab?

Nicht von ihrer Nüzlichkeit? Warum muß man seine Versprechungen halten? Weil die Erfüllung dessen, was man versprochen, die Basis der Gesellschaft bildet. Der Vortheil Aller erheischt, daß die Versprechungen jedes Einzelnen heilig sein müssen. Es gäbe keine Sicherheit mehr unter den Menschen, kein Zutrauen, sie müßten in die Wälder zurükkehren, wenn die Versprechungen keine verbindende Kraft mehr hätten. Auf gleiche Weise verhält es sich mit den politischen Verträgen. Es ist ihre Nüzlichkeit, worin ihre Kraft besteht; würden sie schädlich, so hätten sie keine mehr. Denn wenn der König die Verbindlichkeit übernommen hätte, sein Volk unglüklich zu machen, würde diese Verbindlichkeit gültig sein? Wenn das Volk sich zu einem unbedingten Gehorsam verbunden hätte, würde es mehr gehalten sein, sich durch einen Nero oder Caligula vernichten zu lassen, als sein Versprechen zu verlezen? Wenn aus einem Vertrag allgemein schädliche Wirkungen hervorgingen, würde es einen genügenden Grund geben, ihn aufrecht zu erhalten? Es läßt sich also nicht leugnen, daß die Gültigkeit des Vertrags eigentlich das Princip der Nüzlichkeit, ein wenig umhüllt, ein wenig verdeckt, und daher empfänglicher für falsche Auslegungen, zu Grunde gelegt ist.

11. Ein eingebildetes Gesez ist kein Grund.

Naturgesez, natürliches Recht sind zwei Arten von Fictionen oder Metaphern, die eine so große Rolle in den Büchern über Gesezgebung spielen, daß sie eine besondre Untersuchung verdienen.

Der ursprüngliche Sinn des Wortes „Gesez" ist der gewöhnliche: der Wille eines Gesezgebers. Der Ausdruk Gesez der Natur ist ein bildlicher Ausdruk: man personificirt die Natur, man schreibt ihr diese oder jene Absicht zu, die man figürlich Gesez nennt. Alle allgemeinen Neigungen der Menschen, alle diejenigen, die unabhängig von den menschlichen Gesellschaften zu existiren scheinen, die dem Dasein der politischen und bürgerlichen Gesezgebung haben vorhergehn müssen, werden in diesem Sinne Geseze der Natur genannt. Dies ist der wahre Sinn dieses Wortes.

Aber in diesem Sinne nimmt man es nicht. Die Schriftsteller haben dies Wort so genommen, als wenn es eine eigentliche Bedeutung hätte, als wenn es einen Codex natürlicher Geseze gebe, sie legen Berufung ein an diese Geseze, sie führen sie an, sie sezen dieselben in einem buchstäblichen Sinne den Gesezen der politischen Gesezgeber entgegen, und bemerken nicht, daß diese natürlichen Geseze Geseze ihrer Erfindung sind, daß sie sich alle hinsichtlich ihres Inhalts einander widersprechen, daß sie sich zu Behauptungen ohne Beweise genöthigt finden, daß es so viele Systeme als Philosophen gebe, daß man bei dieser Begründungsweise immer wieder von vorn anfangen müsse, weil in Betreff eingebildeter Geseze jeder alles, was ihm gefällt behaupten kann, und die Streitigkeiten kein Ende nehmen können.

Das Natürliche im Menschen sind seine Empfindungen der Lust oder Unlust, seine Neigungen; nennt man aber diese Empfindungen und Neigungen Geseze, so führt man einen falschen und gefährlichen Begriff ein, so bringt man die Sprache mit sich selbst in Widerspruch: denn grade um diese Neigungen zu bändigen, müssen Geseze gemacht werden. Statt sie als Geseze zu betrachten, muß man sie Gesezen unterwerfen, und gegen die stärksten natürlichen Neigungen sind die strengsten Geseze zu richten. Gäbe es ein Naturgesez, das alle Menschen zu ihrem gemeinsamen Wohl hinlenkte, so würden die Geseze überflüssig sein. Das hieße ein Rohr zur Stüze einer Eiche brauchen; es hieße eine Fackel anzünden, um das Licht der Sonne zu vermehren.

Blakstone, indem er von der Verbindlichkeit der Eltern zur Ernährung ihrer Kinder spricht, sagt: „sie ist ein Princip des Naturgesezes, eine Pflicht, die ihnen die Natur selbst und ihr eigner Act, wodurch sie dieselben auf die Welt sezten, auferlegt. — Und Montesquieu, fügt er hinzu, bemerkt mit Recht, daß die natürliche Verbindlichkeit des Vaters, seine Kinder zu ernähren, der Grund zur Einführung der Ehe gewesen, die denjenigen anzeige, welcher diese Verbindlichkeit zu erfüllen habe." (Buch I. Cap. 16.)

Die Eltern haben die Neigung, ihre Kinder zu erziehen, und die Eltern sollen ihre Kinder erziehen, sind zwei verschiedene Säze. Der erste sezt weder den zweiten, noch der zweite den ersten voraus. Es gibt unstreitig sehr starke Gründe, den Eltern die Verbindlichkeit zur Ernährung ihrer Kinder aufzuerlegen. Warum führen Blakstone und Montesquieu sie nicht an? Warum berufen sie sich auf das, was sie Naturgesez nennen? Und was für ein Naturgesez ist das, welches der Hülfe eines andern Gesezgebers bedarf? Wenn diese natürliche Verbindlichkeit existirte, wie Montesquieu behauptet, so würde sie, weit entfernt der Ehe zur Grundlage zu dienen, vielmehr deren Ueberflüssigkeit beweisen, wenigstens zu dem Zwek, den dieser Schriftsteller angiebt. Einer der Zwecke der Ehe ist es grade, den Mangel der natürlichen Zuneigung zu ergänzen. Sie ist bestimmt, diese Neigung der Eltern, die nicht immer stark genug sein möchte die Mühen und Beschwerlichkeiten der Erziehung zu überwinden, in eine Verbindlichkeit umzuschaffen.

Die Menschen sind sehr geneigt, für ihren eignen Unterhalt zu sorgen: man hat kein Gesez gegeben, um sie dazu zu verpflichten. Wenn die Neigung der Eltern, für den Unterhalt ihrer Kinder zu sorgen, beständig und allgemein eben so stark wäre; so würde es den Gesezgebern nie eingefallen sein, eine Verbindlichkeit daraus zu machen.

Die Aussezung der Kinder, ehmals so gewöhnlich bei den Griechen, ist dies noch mehr in China. Müßte man nun nicht, um diese Gewohnheit abzuschaffen, andre Gründe anführen, als jenes vorgebliche Naturgesez, das sich hier offenbar unwirksam zeigt.

Das Wort Recht hat ebenso wie das Wort Gesez einen eigentlichen Sinn und einen metaphorischen. Das Recht im eigentlichen Sinne ist das Produkt des Gesezes im eigentlichen Sinne: die wirklichen Geseze geben den wirklichen Rechten das Dasein. Das natürliche Recht ist das Geschöpf des natürlichen Gesezes; es ist eine Metapher, die ihren Ursprung von einer andern Metapher herleitet.

Das Natürliche im Menschen sind Vermögen, Fähigkeiten: diese Vermögen, diese Fähigkeiten aber natürliche Rechte nennen, heißt ebenfalls die Sprache mit sich selbst in Widerspruch bringen: denn die Rechte sind bestimmt, die Ausübung der Vermögen und der Fähigkeiten zu sichern. Das Recht ist die Garantie, die Fähigkeit der Gegenstand der Garantie. Wie kann man einander verstehn, wenn man zwei so verschiedene Dinge mit demselben Worte bezeichnet.

Das wirkliche Recht braucht man immer in einem gesezmässigen, das natürliche oft in einem gesezwidrigen Sinne. Wenn man zum Beispiel sagt: daß das Gesez nicht gegen das natürliche Recht gehen könne; so braucht man das Wort Recht in einem über dem Geseze stehenden Sinne: man erkennt ein Recht an, welches das Gesez angreift, es umwirft und vernichtet.

In diesem gesezwidrigen Sinne ist das Wort Recht der größte Feind der Vernunft und der furchtbarste Zerstörer der Regierungen.

Man kann nicht mehr die Sprache der Vernunft mit Fanatikern führen, die mit einem natürlichen Recht bewaffnet sind, das jeder versteht, wie es ihm gefällt, das jeder anwendet, wie es ihm rathsam scheint, wovon er nichts aufgeben, nichts ausnehmen kann, das unbeugsam und zugleich unverständlich ist, das ihm heilig wie ein Glaubensartikel erscheint, und wovon man sich nicht, ohne ein Verbrechen zu begehn, entfernen darf. Statt die Geseze hinsichtlich ihrer Wirkungen zu prüfen, statt sie hienach für gut oder für schlecht zu erklären, betrachten diese Fanatiker sie nur im Verhältniß mit ihrem vorgeblichen natürlichen Recht, d. h. sie sezen an die Stelle der Aussprüche der Erfahrung alle Chimären ihrer Einbildungskraft.

Es ist dies nicht ein unschuldiger Irrthum; er schleicht sich aus dem Gebiet der Speculation in die Praxis. „Man muß nur den Gesezen gehorchen, die mit dem Naturgesez übereinstimmen, alle andern sind nichtig und man muß ihnen widerstehn. Sobald die natürlichen Rechte angegriffen werden, muß jeder brave Bürger entflammt sein, sie zu vertheidigen. Diese durch sich selbst einleuchtenden Rechte bedürfen keines Beweises; es genügt sie auszusprechen. Wie die Evidenz beweisen? Der bloße Zweifel gibt einen geistigen Mangel oder einen Fehler der Seele kund u. s. w."

Damit man mich aber nicht beschuldige, daß ich aufrührische Maximen diesen politischen Schwärmern andichte, will ich eine Stelle aus Blakstone buchstäblich anführen; und ich habe Blakstone gewählt, weil er vor allen Schriftstellern die größte Achtung vor dem Ansehn der Regierungen gezeigt hat. (1. Comm. p. 42.) Von den vorgeblichen Naturgesezen und den Gesezen der Offenbarung redend, sagt er: „Man darf nicht dulden, daß die menschlichen Geseze diesen widersprechen: wenn ein menschliches Gesez uns etwas durch die natürlichen Geseze Verbotenes geböten, so wären wir verbunden dieses menschliche Gesez zu überschreiten u. s. w."

Ist dies nicht allen Fanatikern die Waffen in die Hand geben gegen alle Regierungen? Würde nicht bei der unendlichen Verschiedenheit der Ideen über das natürliche und göttliche Gesez Jeder einen Grund finden, allen menschlichen Gesezen sich zu widersezen? Gibt es einen einzigen Staat, der sich einen Tag zu erhalten vermöchte, wenn Jeder sich in seinem Gewissen verbunden glaubte, den Gesezen zu widerstehn, wofern sie seinen individuellen Ideen über das natürliche und das offenbarte Gesez nicht entsprächen?

„Die Verfolgung des Glüks ist ein natürliches Recht." Die Verfolgung des Glüks ist gewiß eine natürliche Neigung; aber kann man sagen, daß sie ein Recht sei? Dies hängt von der Art der Verfolgung ab. Der Mörder verfolgt sein Glük durch einen Mord: hat er das Recht dazu? Wenn er es nicht hat, warum behaupten, daß er es habe? Welche Richtung ist in dieser Behauptung, die Menschen glüklicher und klüger zu machen?

Turgot war ein großer Mann, aber er hatte die gewöhnliche Meinung angenommen, ohne sie zu prüfen. Die unveräußerlichen und natürlichen Rechte waren der Despotismus oder Dogmatismus, den er ausüben wollte, ohne es selbst zu bemerken. Wenn er durchaus keinen Grund sah, an einen Saz zu zweifeln, wenn er ihn für evident wahr erklärte, so bezog er ihn, ohne weiter zu gehen auf das natürliche Recht, auf die ewige Gerechtigkeit. Er sprach alsdann wie von einem Glaubensartikel, dessen Prüfung nicht mehr erlaubt ist.

Die Nüzlichkeit, die häufig falsch angewendet, in einem engen Sinne verstanden worden, die ihren Namen Verbrechen geliehen, hatte der ewigen Gerechtigkeit entgegen geschienen, sie war tief herabgewürdigt worden, und es bedurfte des Muthes, sie wieder zu Ehren zu bringen und die Logik auf ihre wahren Grundlagen zurükzuführen.

Ich habe mir einen Vergleich mit den Anhängern des natürlichen Rechtes erdacht. Wenn die Natur dies oder jenes Gesez gegeben hat, so müssen die, welche es mit so vieler Zuversicht anführen, welche bescheiden seine Auslegung auf sich genommen haben, doch wohl denken, daß sie Gründe gehabt habe, es zu geben. Wäre es nun nicht sicherer, überzeugender, kürzer, uns gradezu diese Gründe anzugeben, als uns den Willen dieses Gesezgebers, als an sich selber eine Autorität bildend, vorzustellen?

Es müßten hier noch die falschen Wege bezeichnet werden, *) auf die man besonders in den berathschlagenden Versammlungen hingerissen wird, die Persönlichkeiten, die Beschuldigungen fremdartiger Motive, die Declamationen; aber das Gesagte genügt, um das zu charakterisiren, was unter dem Princip der Nüzlichkeit ein Grund und was kein Grund ist.

Alle diese falschen Begründungsweisen können immer auf das eine oder das andre der zwei falschen Principien zurükgeführt werden. Dieser Fundamentalunterschied ist von großem Nuzen für die Verdeutlichung der Begriffe, indem man Worte spart. Diese oder jene Begründung auf eines der falschen Principien beziehen ist das Unkraut zu Bündeln binden, um es ins Feuer zu werfen.

Ich schließe mit einer allgemeinen Bemerkung. Die Sprache des Irrthums ist immer dunkel, schwankend und veränderlich. Eine überfließende Fülle von Worten

---

*) Eine ausführlichere und vollständigere Darstellung der verschiedenen Arten der falschen Beweisführung in der Gesezgebung hat Bentham in einer besondern Abhandlung gegeben, die den Titel führt: "Ueber die politischen Sophismen." A. d. U.

dient dazu die Dürftigkeit und Falschheit der Ideen zu bedecken. Je mehr man in den Ausdrücken wechselt, desto leichter ist der Leser zu täuschen. Die Sprache der Wahrheit ist gleichförmig und einfach: dieselben Ideen, dieselben Ausdrücke. Alles wird auf Lust und Unlust zurükgeführt. Es wird alles vermieden, was den folgenden vertrauten Begriff: diese oder jene Handlung hat diese oder jene Lust- und Unlustempfindungen zu Folgen, — verlarven oder von seiner Stelle rücken könnte. Nicht mir, der Erfahrung glaubt, und vor allem eurer eignen. Wollt ihr wissen, welcher unter zwei entgegengesezten Handlungsweisen der Vorzug gebühre? Rechnet ihre guten und üblen Wirkungen zusammen, und entscheidet euch für jene, welche die größte Summe von Glük verspricht.

Köln, gedruckt bei Pet. Schmitz.